Descubra los más originales...

Bares de Barcelona

Descubra los más originales...

Bares de Barcelona

Isabel de Villalonga

Editorial Optima

Bares de Barcelona es una guía abierta a las experiencias de sus lectores. Si usted conoce nuevos e interesantes establecimientos, o quiere hacernos alguna sugerencia, no dude en escribirnos. Sus comentarios y pistas nos pueden ser de gran utilidad para posteriores ediciones.

Primera edición: abril de 2000
Segunda edición: julio de 2000

Rambla Catalunya, 98, 7º 2ª
08008 Barcelona
Tel. 93 487 00 31
Fax 93 487 04 39

Concepto editorial: Josep Pi

Ilustraciones: Miguel Gallardo

Diseño gráfico: Víctor Oliva

Impresión y encuadernación: Balmes, S.A.

Impreso en España - *Printed in Spain*

ISBN: 84-95300-00-1

Depósito legal: B-28.029-2000

Agradecimientos

A M. Victoria y a Ignacio.

A Ventura y Ana, a Clara, a Blanca, a Iu, y a todos los amigos de mis hijos que me acompañaron por ese laberinto de rutas noctámbulas que hay en la ciudad.

A los expertos barmans que me guiaron en esta guía, especialmente a Juan Ramón Falces y Ángel Juez.

A Mercedes de la Rosa, joven periodista, que colaboró en el proyecto.

A Roser Massa que de nuevo me dio un empujón para terminar el trabajo.

Y, como siempre, a Oriol Regàs, el mejor cicerone del día y de la noche barcelonesa.

Prólogo

Cuando, hace menos de un año, escribí la guía de restaurantes para esta misma colección, no pensaba que esto pudiera tener continuidad. Sin embargo, las ventas fueron bien y el éxito nos llevó a plantearnos un nuevo proyecto: esta vez, los bares, las cafeterías, los cafés, las terrazas y todos esos locales que dan vida a la ciudad. De nuevo Barcelona es la protagonista.

De entrada, y porque ésta es una selección absolutamente subjetiva y personal, quiero hacer una declaración de principios. Adoro los cafés urbanos y bulliciosos, los bares recoletos, los que colocan mesas en la calle y cambian la fisonomía de una plaza, los locales con sol y con vistas, los que dan color al paisaje, los que son confortables y tibios, los que tienen velitas, los de ambiente cálido y a media luz. Me seducen aquellos en los que suena buena música y ofrecen espectáculo. Me gustan los viejos cafés abarrotados de jóvenes, los cafés parisinos y los bares más vanguardistas de Nueva York. Me gustan por igual los bares humildes y los de élite, los locales populares y los esnobs. Lo único que exijo, al margen de sus prestaciones, es que tengan alma, personalidad. No soporto los bares clónicos y en serie, de esos que tanto proliferan últimamente por el centro de la ciudad, los que tienen una decoración de cartón piedra, los bares temáticos, los *fast-foods.* En cuanto al servicio, aprecio la naturalidad y la amabilidad en el trato, valoro la profesionalidad, admiro el poso de experiencia que dejan los años y la imaginación fresca y renovadora de los nuevos. Además, soy golosa desde siempre, me encanta el picoteo, los bocatas, saborear un buen café o un buen té, me gustan los zumos, los batidos naturales, las infusiones raras y, aunque el alcohol no es mi fuerte, también de copas empiezo a entender. Como comprenderán, con estos antecedentes, el trabajo ha sido una delicia y en la búsqueda he disfrutado un montón.

Durante algo más de seis meses me he pateado la ciudad de arriba abajo, un maratón urbano en el que he contado con el asesoramiento de amigos, confidentes y expertos «lobos de bar». Ellos, se lo agradezco, han aportado sus personales preferencias, sus listas y sus secretos, acompañándome incluso en este recorrido de 24 horas *non-stop.* He paseado por rutas y zonas diversas, he visitado cafeterías, charcuterías, vinacotecas, bares de tapas, cervecerías y hasta un sinfín de locales de especialidades distintas, degustando humeantes chocolates en granjitas antiguas, excelentes bollos y fina repostería en salones de té, tapas buenísimas en barras para mí desconocidas, crujientes bocatas y platillos de impresión. He catado, creo, las mejores copas de toda la ciudad y, por fin, tras agotar las múltiples posibilidades del día, he redescubierto la noche, ese otro espacio marcado por la luz, la música, la moda y los encuentros, que vive su propio ritmo, un ritmo que yo ya había olvidado pero que, guiada siempre por buenos cicerones, ha sido todo un lujo recobrar.

Espero que este recorrido por los bares y cafés de Barcelona sea de su agrado. Es, ya lo he dicho, un pequeño muestreo de los establecimientos de la ciudad. Son unas 130 buenas direcciones, para todas las horas del día y para todos los gustos, con las que pretendemos invitarle a salir de su rutina, explorar nuevos ambientes, recordar viejos escenarios y descubrir locales insólitos que están ahí, y quizá le hayan pasado desapercibidos.

Pero no se equivoque, porque a diferencia de los restaurantes, los bares no son intercambiables, y lo que para unos es el mejor ambiente no tiene el menor interés para otros, o lo que sirve para un aperitivo puede resultar un desastre para desayunar. Yo me he limitado a describir propuestas, aportar información, hacer sugerencias, si a usted le divierte el destino, pruébelo, quizá no se convierta en asiduo, pero en cualquier caso lo conocerá, y así, recorriendo locales y establecimientos, acabará por encontrar el suyo, el bar de su vida.

Isabel de Villalonga
Barcelona, abril de 2000

Índices

Índice

Alfabético

Las zonas

Por especialidades

Los desayunos más potentes

A pleno sol

Tapeo con recomendación

Las meriendas más agradables

Para ir con niños

Bares con menú o comida sencilla al mediodía...

… Y los que ofrecen «algo» de comer más allá de la medianoche

Las terrazas con más ambiente

Los mejores cócteles

Locales con música en vivo

Los de alto standing

El ambiente gay

Los más madrugadores...

... Y los que cierran más tarde de las 3h.

Los más bonitos

Los de última moda

Otros bares y cafés que, por tener servicio de restaurante, están incluidos en el primer volumen de esta colección: Restaurantes de Barcelona (Consultar horarios y oferta)

• **Barra**
Plaça de la Gardunya

• **Bar Turó**
Tenor Viñas, 1

Café de l'Academia
Lledó, 1

Café Salambó
Torrijos, 51

• **Capitán Cook**
Rambla de Catalunya, 92

Casa Alfonso
Roger de Llúria, 6

Casa Fernández
Santaló, 46

Casa Pepe
Balmes, 377
y Pl. Bonanova, 4

Col·legi d'Arquitectes
Plaça Nova, 5

• **El Jardí de l'Abadessa**
Abadessa Olzet, 26

El Vaso de Oro
Balboa, 6

Estrella de Plata
Pl. Palau, 9

Euskal Etxea
Placeta Montcada, 1-3

Fundación Miró
Avda. Miramar, 71-75

Irati
Cardenal Casañas, 17

Jaizquibel
Sicilia, 180

La Flauta
Aribau, 23,
Entenza, 206
y Balmes, 16

• **Laie Llibreria Cafè**
Pau Claris, 85

Margarita Blue
Josep Anselm Clavé, 6

Metrópoli
MNAC,
Parc de Montjuïc s/n

Molina Charcutería
Pl. Molina, 1 y 3

• **Montesquiu**
Mandri, 56

Opaqo
Ciutat, 10

Pinotxo
Mercat de la Boqueria

Pla dels Àngels
Ferlandina, 23

Quimet & Quimet
Poeta Cabanyes, 25

Salero
Rec, 60

Silenus
Àngels, 8

Textil Café
Montcada, 12

The Bagel Shop
Canuda, 25

Tutusaus
Francesc
Pérez Cabrero, 5

Valentín
Diputació, 301

Venus
Avinyó, 25

Xiringuito Escribà
Litoral mar, 42

Bares

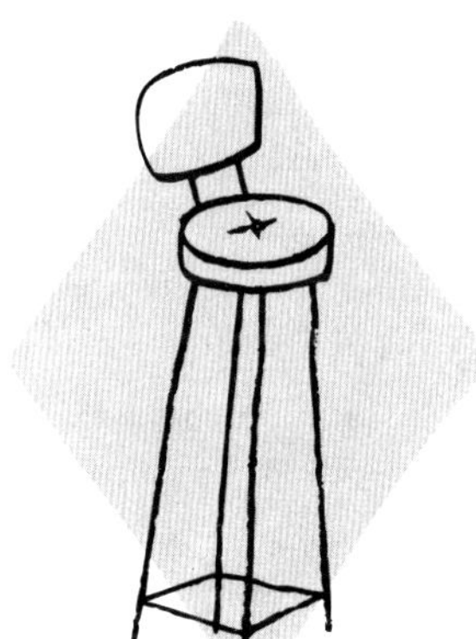

Abaixadors Deu

Todo en uno y más

Abaixadors, 10, pral.
(entre Via Laietana y Argenteria)
08003 Barcelona
Tel. 93 268 10 19
Párking en Via Laietana
y Pg. del Born

Un principal en el barrio de la Ribera, un local fantástico –cuatrocientos metros, capacidad para 125 personas, techos altos, paredes algo ruinosas y arcos repintados– que, allá por los años veinte, había albergado un pequeño teatro, reconvertido hoy en un espacio plural, de decoración minimalista y, casi, casi, neoyorkino. Serapi, uno de los fundadores de la discoteca Nitsa, y padre espiritual del recién nacido Grup Artistic de la Ribera, lo utiliza como sede de esta asociación para desarrollar un atractivo proyecto lúdico y cultural al mismo tiempo.

Cine, meriendas, conciertos, fiestas, poesía, presentaciones, teatro y cenas informales. Abaixadors Deu es una mezcla de muchos ingredientes y de dos espacios que se comunican y combinan entre sí. El saloncito para las meriendas de las tardes (cafés, pasteles y bocadillos), las cenas ligeras (ensaladas, carpaccios, quesos y patés) y las copas noctámbulas. La sala contigua, con escenario, sillas de diseño, velas y media luz rojiza, dispone de un programa de espectáculo estable: los miércoles, poesía; los viernes, teatro; los sábados, concierto; los domingos, música experimental... y por las noches, bar de copas en el que los más innovadores *dj's* pinchan música electrónica, pop o lounge, según el día.

Horario: de 18 a 3h.
Viernes y sábado, hasta 4h.
Horario cocina: de 21 a 2h.
Cerrado: lunes y martes

Precios: café con leche, 200 ptas.
Cerveza, 400 ptas. Combinado, 800 ptas.
Entrada espectáculo, 500 ptas.
Viernes y sábado, espectáculo + copa, 1.000 ptas.
Precio medio cena: 2.000 ptas.

Confidencial

No es un local más de la Ribera, sino una propuesta distinta, llamativa y singular que ha calado con fuerza entre los jóvenes más ilustrados e inquietos de entre 25 y 35 años, esos que trabajan a tope durante el día sin renunciar por ello a disfrutar también de la vida y de la noche.

Al Limón Negro

Amigos en todos los idiomas

Escudellers Blancs, 8 (entre la Plaça Reial y c/ Escudellers)
08002 Barcelona
Tel. 93 318 97 70
Párking: La Rambla

Horario: de 18 a 3h.
Domingos, hasta las 2.30h.
Horario cocina: de 21 a 1h.
Cerrado: lunes
Vacaciones: agosto

Precios: refresco, 250 ptas.
Cerveza, 300 ptas. Combinados, 750 ptas.
Precio medio cena: 1.300 ptas.
No se aceptan tarjetas de crédito

Bar de barrio reciclado en garito moderno. Siempre está a tope, algo bastante frecuente en una zona, la de Escudellers / Plaça Reial, que se ha convertido en ruta joven y noctámbula por excelencia. Pero éste, Al Limón Negro, da algo más. Un poco más amplio que sus vecinos, con planta baja y altillo, decorado (es un decir) en colores terrosos, tiene música, performances, exposiciones, teatro y algo de comer (sólo ensaladas y cocas). El resto, el buen ambiente, lo pone la gente. Una mezcla divertida y ecléctica de guiris, gente joven, grupos modernos sin pretensiones, parejas, gente del barrio, canutillos, amigos que no se conocen y solitarios con ganas de practicar idiomas, sin más. También, exposiciones y esporádicos conciertos, música de vanguaria y performances. Las noches son largas y, además, pueden ser imprevisibles.

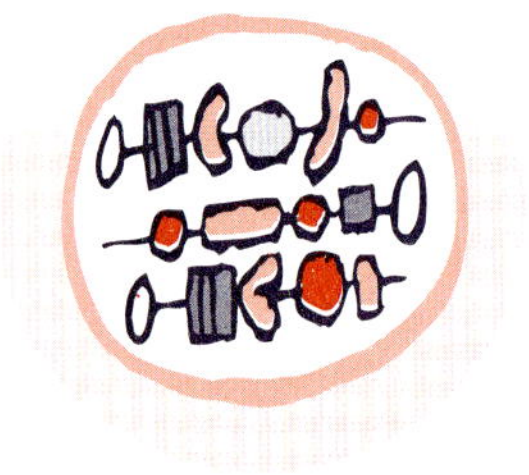

Confidencial

Los domingos por la tarde, de 19.30 a 11.30h. el local se convierte en *chill-out* y Tony 2000, el *dj* parisino, ofrece aquí sesiones de música house, trance y electrónica para quienes desean una melódica tarde festiva y más o menos relajada.

Aula Cero

Aire puro

Desert, s/n (al final del Desert de Sarrià, entre Can Caralleu y la Carretera de les Aigües. En los jardines de Can Sentmenat)
08017 Barcelona
Tel. 93 204 13 95
Párking: Fácil en la puerta de entrada

Aire puro, pleno sol, buenas vistas y 1.600 m^2 de maravilloso jardín para pasear. Decididamente, Barcelona aún puede darnos sorpresas, especialmente a aquellos que piensan que la ciudad se acaba por debajo de la Ronda de Dalt. Aquí, en lo que fue la finca del Marquès de Sentmenat, actualmente sede de la Escuela Eina, se abre al público un espacio ajardinado de estilo versallesco, con setos recortados, paseos románticos, estatuas de mármol y un sencillo y funcional chiringuito con terraza que cumple perfectamente las funciones de bar y restaurante.

Estudiantes entre semana, llenazo total de papás jóvenes y ambiente pijo los sábados y domingos con sol. Ellos, tomando un buen aperitivo en la terracita de Aula Cero, y los niños, jugando sin peligro en el pequeño parque infantil que hay enfrente. ¿Qué más se puede pedir para una mañana festiva? Aula Cero les da patatas bravas, anchoas del Cantábrico, boquerones, queso de cabra y, para comer, platos combinados sencillos, bien resueltos y a precios discretos.

Horario: invierno, de 8'30 a 17.30h. Sábado y domingo, de 11 a 16h.
Verano, de 8.15 a 20h. Sábado y domingo, de 10.30 a 20h.
Horario comida: ininterrumpido durante todo el día
Vacaciones: Navidad, Semana Santa y agosto
Precios: café, 125 ptas. Café con leche, 150 ptas. Refresco, 200 ptas. Cerveza, 175 ptas. Bocadillos, 325 ptas. Tapas, entre 250 y 550 ptas. Precio medio comida: 1.000 ptas.

Confidencial

El escenario es magnífico, un espacio inmejorable en donde Aula Cero organiza también bodas, fiestas y banquetes por encargo. Por supuesto, no en el interior del chiringuito, sino en los jardines y con carpa por si llueve.

Baixas

Delicias de café

Calaf, 9-11 (entre Muntaner y Santaló)
08021 Barcelona
Tel. 93 209 25 42
Párking: Hay varios cerca

Horario: de 8 a 21h. Domingos hasta las 15h.
Precios: café, 135 ptas. Café con leche, 160 ptas. Té, 235 ptas.
Desayuno simple, 285 ptas.
Zumo de naranja natural, 350 ptas.
Bocadillos, entre 375 y 500 ptas.
Merienda completa, sobre 600 ptas.
Precio medio comida en self service: 1.200 ptas.
Precio medio comida en restaurante: 2.800 ptas.

Clásico, agradable, un punto cursi y con una bien merecida fama entre la clientela femenina de la parte alta de la ciudad. Baixas es el desayuno humeante con periódico, el breve descanso tras la compra en el Mercat de Galvany, la tertulia con merienda entre amigas y ese impulso repentino que surge al pasar por delante. Con una tradición familiar, artesanal y pastelera, que se remonta a 40 años atrás, la calidad de Baixas es indiscutible, buen café, buen té, extraordinario chocolate, gigantes zumos de naranja recién exprimidos y, sobre todo, una bollería intachable y exquisiteces dulces y saladas. Todo a la vista y a elegir.

Dos espacios diferenciados. Pequeño, rápido e informal el de abajo, y con ciertas pretensiones de salón el del primer piso, mucho más grande, reposado y con vistas a la calle. En primavera y verano, se colocan también mesas en la terraza-jardín.

Al mediodía, de 13.30 a 16.30h. el bufete de la planta baja se surte con bandejas de ensaladas variadas, fideuá, pollo al cava o bocadillos variados. El primer piso se transforma en un restaurante formal.

Confidencial

Baixas, que tiene el proyecto de ubicar en un solo y gran espacio sus diversas secciones, pastelería, charcutería y cafetería, propone actualmente sugerencias de merienda para esos grupos de señoras que pasan allí la tarde a sesión completa. Pasteles, pastas de té, pequeños bocadillos, dulces y té, café con leche o chocolate en taza con nata. Lotes completos de potentes meriendas al precio único de 600 ptas.

Bar del Pí

Palco preferente

Plaça Sant Josep Oriol, 1
(junto a la Pl. del Pí y c/ Petritxol)
08002 Barcelona
Tel. 93 302 21 23
Zona peatonal
Párking en La Rambla

Pequeño, antiguo y cálido, con mucha madera y tres niveles distintos, lleno de vida y de tipos curiosos e imprevisibles. Lo mejor, sin embargo son sus dos terrazas en la Plaça de Sant Josep Oriol, un palco preferente en pleno Barri Gòtic con vistas a la iglesia y sin contaminación acústica, no pasan coches.

La historia del Bar del Pí, uno de los más antiguos de la ciudad, podría llenar todo un libro. Ubicado en un inmueble escriturado en el año 832, nació ya como casa de postas. Fue un bar de referencia antes de la guerra, de esos a donde acudía la gente a la salida del Liceu, testigo de los primeros inicios del PSUC y de discusiones dialécticas entre las dos tertulias políticas que solían frecuentar el local, la de izquierdas en el altillo, la de derechas en el sótano y la terraza para las dos. Tras pasar una época de decadencia, Tomás Martí, su actual propietario, lo volvió a poner en la onda para reuniones de artistas y pintores que han dejado su recuerdo en las paredes del establecimiento.

Hay tapas variadas, montaditos, croquetas caseras y bocatas calientes. Todo es recomendable.

Horario: de 9 a 23h.
Vacaciones: del 17 al 29 de enero
Precios: café, 125 ptas. Café con leche, 150 ptas. Refresco, 225 ptas. Caña cerveza, 150 ptas. Montaditos, 125 ptas. Croquetas, 75 ptas. Tapas, 300 ptas.

Confidencial

A partir del mes de febrero el sol calienta la plaza durante toda la mañana. El lugar es mágico, porque además, mientras se toma aquí un refresco, hay grandes posibilidades de asistir a improvisadas funciones de grupos de teatro, espontáneos conciertos de música y, los domingos, sesiones artísticas a cargo de pintores callejeros. Eso sí, no pierdan de vista sus bolsos y paquetes, podrían desaparecer entre el bullicio.

Portaferrissa, 17 (en la primera planta del Mercadillo de Portaferrissa, junto a La Rambla)
08002 Barcelona
Zona peatonal. Párking en Pl. de la Gardunya o Avda. Catedral

Bar Jardí

Mercadillo juvenil

Horario: de 11 a 21h.
Cerrado domingo.
Precios: café, 150 ptas.
Café con leche, 175 ptas.
Croissant, 125 ptas.
Refresco, 225 ptas.
Zumo de futas, 350 ptas.
Combinado, 600 ptas.
Sándwiches, entre 350 y 400 ptas.
Tapas, entre 200 y 400 ptas.
Precio menú: 1.100 ptas.
Precio medio carta: 1.700 ptas.
No se aceptan tarjetas de crédito

Un principal con patio que nos habla del antiguo glamour de alguna familia burguesa de principios de siglo que sin lugar a dudas lo habitó. De glamour queda hoy muy poco: techos artesonados, una bonita vidriera con motivos de flores, algún mosaico o algún trozo del parquet original. El resto –un batiburrillo de muebles más o menos modernistas rescatados de los Encantes y otros de procedencia loca y diversa– es lo suficientemente destartalado, precario y kitchoso como para no desentonar con su entorno, el Mercadillo del Camello, ese zoco juvenil y barato del que el Bar Jardí participa con todos los honores y todo su orgullo.

Lo mejor es, sin embargo, el patio, lleno de plantas y árboles por donde se filtran, muy tímidamente, los rayos del sol. Fresco en verano, recogido del viento en invierno, abierto al bullicio de las tiendas y, a pesar de todo, tranquilo, romántico incluso y con una carta amplia y variada de tapas, sándwiches y hasta comida casera a precios correctos durante el mediodía y toda la tarde.

Confidencial

El Mercadillo de Portaferrissa, un gran camello es el reclamo de la entrada, agrupa un conjunto de unas diez tiendas de ropa joven, alternativa y a buen precio, chaquetas de segunda mano, jeans, gadges y música de las últimas tendencias.

Bar Mandri

Punto de encuentro

Mandri, 60 (cerca de Passeig Bonanova)
08022 Barcelona
Tel. 93 417 11 29
Párking en doble fila frente al local

Un bar familiar, antiguo y de barrio, que se suma a la singular ruta del tapeo que se da en la parte alta de esta calle. Patatas fritas, ensaladillas, calamares a la romana o en salsa, alcachofas rebozadas, montaditos y sobre todo, toneladas industriales de patatas bravas, la tapa estrella del Mandri, son los principales reclamos que han hecho famoso este bar frecuentado por estudiantes de los colegios de la zona, vecinos de la Bonanova y otros grupos de procedencia diversa, motoristas y demás, que lo han adoptado como su punto de reunión sin cita previa. Es un clásico, ni está de moda ni tiene nada espectacular, pero el servicio es agradable, desenfadado y cordial, y sobre todo, tiene una terraza climatizada que funciona todo el año y en donde los asiduos siempre encuentran amigos.

Horario: de 7.30 a 2.30h.
Horario tapas: hasta las 23.30h.
Cerrado domingos y festivos.
Vacaciones: tres semanas en agosto
Precios: café, 125 ptas. Café con leche y corissant, 250 ptas. Refresco, 200 ptas.
Cerveza, 225 ptas. Copa de vino, 200 ptas. Copa de cava, 325 ptas. Ración de Bravas y bebida, 475 ptas. Montaditos, entre 275 y 500 ptas.

Confidencial

Las patatas bravas del Mandri, con una salsa más suave que las del Tomás, tienen verdaderos fans. Para beber, la casa propone una copa del cava propiedad de la familia, el Mas Pujadó.

París, 187 (esquina c/ Aribau)
08036 Barcelona
Tel. 93 209 85 30
Párking en c/ París entre
Muntaner y Aribau

Bar París

Una esquina con gancho

Horario: de 6 a 2.45h. madrugada
Sábados y domingos, hasta las
3h. madrugada
Precios: café, 125 ptas.
Café con leche, 150 ptas.
Croissant, 100 ptas.
Refresco, 175 ptas.
Whisky, 600 ptas.
Bocadillos, de 300 a 500 ptas.
Tapas, entre 400 y 500 ptas.
Precio menú mediodía: 975 ptas.

Va de estreno. Este local cerró el pasado verano sus puertas, algo que no había hecho jamás en 65 años, y cuando volvió a abrirlas ya no era el París de siempre, sucio, cutre y caótico, sino un bar anónimamente limpio, funcional, moderno e incluso cálido al anochecer. ¡Gran expectación entre la parroquia! ¿Resistirá? Tranquilos, cuatro meses más tarde, el Bar París sigue como siempre y con los de siempre, a tope, simpático, rápido, caótico, bullanguero y con esa excepcional terraza soleada que no admite competencia.

Clientela joven en su mayoría, estudiantes y grupos de amigos que bajan de la parte alta de la ciudad para tomarse aquí unas generosas raciones de tapas a precios módicos, y a las 6h. de la madrugada, el París se transforma en *afterhours*, un clásico con *overbooking* total de insomnes, juerguistas y marchosos que se citan aquí los fines de semana, para acabar la noche con un merecido desayuno antes de retirarse.

Confidencial

Sus bocadillos a la plancha son tentadores. Al mediodía, un menú correctísimo a 975 ptas. que se puede tomar incluso en la terraza. Las mesas están cotizadísimas, hay un ambiente de barrio alto, oficinistas, parejas, grupos y solitarios.

Bar Tomàs

Bravo, bravas

Major de Sarrià, 49 (entre Calàndries e Ivorra)
08017 Barcelona
Tel. 93 203 10 77
Párking en c/ Pedró de la Creu

Es algo que nadie discute, las patatas bravas del Tomàs son el número uno de la ciudad. Tostadas por fuera, blandas por dentro y untuosamente embadurnadas de all i oli, salsa picante, o mejor aún, las dobles mixtas, con ambas salsas a la vez, un reclamo inmejorable que funciona desde hace 50 años en ese mismo bareto de barrio, sencillo y bullicioso, por donde han pasado ya varias generaciones sin que nada haya cambiado.

Pero aunque las patatas son su estandarte, no sólo de bravas vive el Tomàs. De buena mañana, su barra se llena ya de madrugadores clientes dispuestos a zamparse un desayuno de tenedor y cuchillo a base de guisos importantes: callos, albóndigas o empanadillas caseras de verdad, estupendas tortillas y buenos bocadillos (el de bonito con pimiento picante es la estrella). Al mediodía, a partir de las 12h., platos combinados con carne, huevo frito y bravas, una fórmula que no falla y da siempre en el blanco. Y por supuesto, las tapas de la casa, sus anchoas y boquerones son también un crack.

Horario: de 8 a 22h.
Cerrado: miércoles
Vacaciones: Agosto y Semana Santa
Precios: tapas, entre 300 y 400 ptas.
Ración de bravas + cerveza, 375 ptas.
Cerveza de barril en jarra, 150 ptas.
Plato combinado, entre 750 y 850 ptas. (bebida y café aparte)

Confidencial

Siempre está a tope. En la barra, clientes del barrio, fieles y asiduos. Lo clásico es llegar aquí para hacer el vermut, unas bravas acompañadas de otra tapa cualquiera, un vaso de vino o una jarra de cerveza. Las mesas suelen estar abarrotadas de grupos jóvenes y absolutamente entusiastas de las bravas.

Roger de Llúria, 124 (esquina
Rosselló-Diagonal)
08037 Barcelona
Tel. 93 459 05 66
Párking en Roger de Llúria

Bauma

Entre la cafetería y el café

Horario: de 8 a 1h.
Horario cocina: de 13.30 a 16.30h.
y de 20.30 a 23h.
Cerrado: sábados
Vacaciones: agosto
Precios: café, 150 ptas.
Café con leche, 175 ptas.
Croissant, 150 ptas.
Refresco, 225 ptas.
Whisky, 550 ptas.
Precio medio comida:
2.500 ptas.

Nació en esa época de transición entre los viejos cafés y las modernas cafeterías y, pasando de modas y de estilos, cogió lo mejor de cada casa y lo ha mantenido durante más de 60 años. De las cafeterías de antaño guarda los tonos chillones y brillantes, los materiales novedosos como la fórmica, el sky y esos rótulos de neón en la entrada. De los viejos cafés conserva los parroquianos asiduos, los camareros fieles y el espíritu. El Bauma es una cafetería con vocación de café, y los clientes los saben. Vienen a hablar, a leer el periódico, a escribir artículos o a fumarse un habano y, ya que están, toman un café o un refresco. Pero hay más, porque la familia que regenta el negocio tiene marcha y visión de futuro. Desde hace algunos años el Bauma, ahora con comedor anexo, se ha convertido también en un restaurante, rápido y funcional, como mandan las reglas de la cafetería: platos combinados a base de tostadas con pan con tomate y embutidos, tortillas varias y hamburguesas, todo espléndido y de confianza.

A sus mesas se sienta una mezcla interesante de tipos varios, periodistas, escritores, artistas de cine, parejas de todas las edades y todos los estilos.

Confidencial

Conserva, y por los pelos, la única tribuna en la acera que hay en la ciudad, acristalada al estilo de los cafés europeos, y unas pocas y solicitadísimas mesas en la calle a pleno sol que son un auténtico lujo para los desayunos del domingo en invierno.

BCN Rouge

Sofisticado

Poeta Cabanyes, 21
(entre Av. Paral·lel y c/ Blai)
08004 Barcelona
Tel. 93 442 49 85
Párking en la misma calle

No es clandestino a pesar de que la puerta está cerrada, y hay que llamar al timbre para entrar. ¡Vale la pena hacerlo! Es el local más sofisticado del Paral·lel. Luces rojas y paredes de color rubí, velas, un largo pasillo con rincones más o menos íntimos y, al fondo, un salón con antiguos sofás en donde únicamente los que llegan primero consiguen sentarse. Su especialidad son los cócteles y los hay para todos los gustos, el más solicitado es el Amaretto Sour (licor de amaretto, zumo de naranja y zumo de limón) y, por supuesto, el Rouge (wodka, crema de mora y lima). Para los abstemios, Good Morning (yogour de coco, zumo de naranja y canela) o Pink Lady (zumo de naranja, kiwi y piña con grosella). Todo esto acompañado de un buen criterio musical, jazz, soul, pop, cantautores, hip-hop, entre semana. Los viernes, música ambiente y pop, y una equilibrada mezcla de post-rock, easy listening y tecno los sábados.

El Rouge es un *chill-out*-punto de encuentro de disqueros, críticos, fanzineros y aficionados a la música que se reúnen aquí antes de entrar en la sala Nitsa-Apolo, y de otros amigos que rematan la noche con copas hasta altas horas de la madrugada.

Horario: de 23 a 3h. Viernes y sábados, hasta las 4.30h.
Cerrado: lunes y domingos que no hay fútbol
Precios: cerveza, 350 ptas. Chupito, 150 ptas. Combinado, 650 ptas. Cócteles, 750 ptas.
No se aceptan tarjetas de crédito

Confidencial

Los domingos por la tarde el BCN Rouge se transforma en peña futbolística. Una gran televisión con sonido *sorounding* que conecta con el Plus, cócteles y ambiente futbolero.

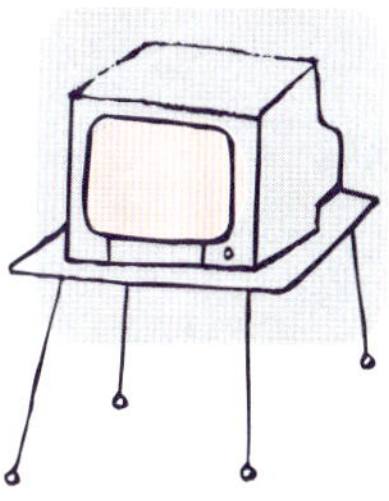

Alsina, 2. 3. 2001

Joaquín Costa, 39 (en el Raval,
entre Valldonzella y c/ del Carme)
08001 Barcelona
Párking en la calle o en
c/ Montealegre

Benidorm

Paraíso kitch

Horario: de 19 a 2h. Viernes y sábados, hasta las 3h.
Vacaciones: agosto
Precios: refresco, 250 ptas. Cerveza, 275 ptas. Combinados, 600 ptas.
No se aceptan tarjetas de crédito

Antes, era el Olivia Club y, desde hace muy poco, ha cambiado a Benidorm, y de ese paraíso kitch y español por excelencia, se trajo el dueño todos los *gadges* necesarios como para dar color y ambiente suficientemente *artsy-cutre* a su local. Papel pintado en estridentes rosas y verdes, muebles de container, *souvenirs* y ceniceros de tipo valenciano, lámparas de cristal, destellos de discoteca años ochenta y tenue luz rojiza, tal como exigen las reglas del cutrerío-esnob más actual.

Modernillos, extranjeros y grupos de músicos de la última hornada, ninguno de ellos supera la treintena, le han tomado cariño y adicción al Benidorm. La música también tiene aquí su rollo, el primer jueves de cada mes se reúne el club del hip-hop, algún viernes el club ye-yé con música de los sesenta, y el resto de los días, una mezcla de pop y últimas tendencias.

Confidencial

No hay que asustarse por el impacto horteril de la entrada ni tampoco rendirse si está «a petar», la sala del fondo es más íntima y, salvo que sea fin de semana, quizá puedas sentarte y hablar con cierta tranquilidad.

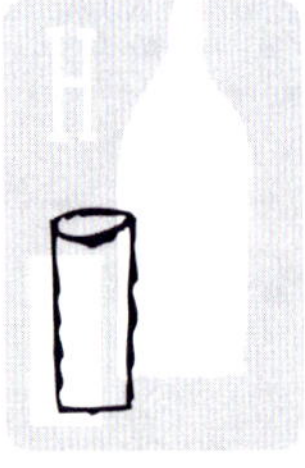

Berimbau

A ritmo de samba

Passeig del Born, 17
(entre el Mercat del Born
y Santa Maria del Mar)
08003 Barcelona
Tel. 93 319 53 78
Párking en Pl. Comercial

Mimbre y madera a media luz, con caipirinhas y a ritmo brasileño suave, sin estridencias. Berimbau, una locura de público y ambiente a mediados de los setenta, es ahora un bar tranquilo donde recalan los nostálgicos de la samba. Recomendable para parejas maduras y pequeños grupos que buscan prolongar la noche con buenas copas, bien sentados y en un ambiente íntimo y acogedor. Ahora, aquí, se puede también hablar. Por lo demás, nada ha cambiado. Celso, el propietario, un brasileño afincado en Barcelona, lo abrió hace casi 25 años y es él quien continúa dictando las normas que David se encarga de llevar a la práctica tras la barra.

Hay cócteles y hasta 26 tipos distintos de batidas brasileñas con frutas tropicales y aguardiente de caña. Para los no alcohólicos, Berimbau prevé una carta extensa con variaciones diversas de zumos de fruta: coco, chocolate, almendra, piña, plátano, mango, lima y limón. Además, quesos, cacahuetes, machas chilenas o navajas al limón.

Horario: de 18 a 2'30h.
Precio medio copa: 700 ptas.

Confidencial

Brasil, el Brasil más romántico, llena el aire del local por completo. Huele a limón, y quien prueba aquí la caipirinha se convierte en adicto. ¿El secreto? Más fuerte y seca que ninguna, sin hielo y con zumo de limón natural.

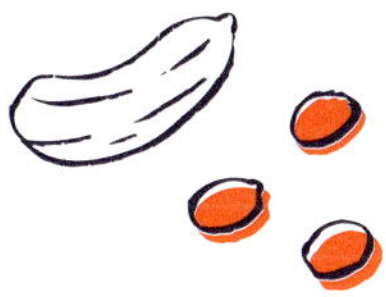

Boadas Cocktail Bar

El arte de las copas

Tallers, 1 (junto a La Rambla)
08001 Barcelona
Tel. 93 318 88 26
Párking Plaça de Catalunya

Horario: de 12 a 2h. Vísperas de festivos, hasta las 3h. madrugada
Cerrado: domingos
Precio copa: entre 600 y 700 ptas.

El arte de la coctelería tiene en este pequeño e íntimo local uno de sus talleres más prestigiosos. Abierto desde 1933, es la obra de Miguel Boadas, un hijo de emigrantes catalanes nacido en La Habana, que ofició como primer barman en La Floridita hasta que, cuestiones del corazón le llevaron a recalar en Barcelona, en donde trabajó en varios conocidos establecimientos y acabó por abrir el suyo propio: Boadas Cocktail Bar. Desde entonces, una lista interminable de personajes (Hemingway, Picasso, Miró, Opisso...) han dejado aquí su huella, pero el establecimiento sigue igual, fiel a sí mismo, con los mismos taburetes, la misma barra, el mismo ambiente cosmopolita e intelectual y, sobre todo, la misma forma de trabajar y esa inalterable habilidad para hacer sus prodigiosas mezclas, ahora con su incansable y entusiasta hija, M. Dolores, al frente.

Boadas es un punto de encuentro, un clásico para las horas del aperitivo y para la salida de los espectáculos. Un local pequeño y amable, lleno de vida, de conversaciones sosegadas, de caras conocidas, clientes importantes, amigos y asiduos y, a pesar de que siempre está lleno, es un lugar tranquilo, un oasis de paz en plena Rambla.

Confidencial

Sus cócteles son los mejores. No hay carta, si alguien duda, M. Dolores recomienda: daikiri, mojito, manhattan, martini dry, cóctel de champagne o de frutas para los abstemios... hay más de 3.000 entre las fórmulas tradicionales y las de invención propia. Aquí se bebe poco y bueno, pura degustación.

Blue Moon

Casablanca

La Rambla, 128 (bar del Hotel
Rívoli Ramblas, entre c/ Canuda
y c/ Portaferrissa)
08002 Barcelona
Tel. 93 302 66 43
Párking en c/ Bonsuccés

Bar de hotel, tranquilo, discreto, con piano de cola y merecida fama de servir uno de los mejores dry martinis de la ciudad. Eddy Collins, un barman de color, con buena planta y buena escuela, le da ese toque auténticamente profesional al asunto, e Ismael, el pianista, le pone la música en directo. El resultado es agradable, un bar para entendidos, ni bullicioso ni festivo, simplemente muy correcto, media luz y posibilidad de formar distintos ambientes, todos buenos. Frecuentado en las tardes/noches por un público ecléctico, desde ejecutivos potentes a técnicos de iluminación del teatro cercano, actores, gente de la farándula, cultureta y, en una esquina de la barra, cuatro ingleses borrachines que van a su aire y apenas molestan.

Horario: de 17 a 1h.
Precios: refresco, 380 ptas.
Cerveza, 400 ptas.
Cóctel, desde 650 ptas.
Long Drink, 800 ptas.
Surtido canapés, 1.500 ptas.

Confidencial

El pianista actúa de 19 a 20h., es entonces cuando este local abandona definitivamente su imagen de bar de hotel y se transforma en una clásica coctelería neoyorkina de reconocido prestigio entre los entendidos del asunto. Recomendamos dejarse aconsejar en la elección de la bebida.

Palla, 8 (esquina Banys Nous.
Isla peatonal)
08002 Barcelona
Tel. 93 302 69 93
Párking en la Catedral

Caelum

Tentaciones monacales

Horario: de 10.30 a 20.30h.
Cerrado: lunes mañana y domingos tarde
Vacaciones: 2ª y 3ª semanas de agosto
Precios: té, 325 ptas. Vino de misa, 250 ptas. Pastas, 150 ptas. Combinados, 580 ptas. Coca con escalibada, 150 ptas.
Precio medio comida simple: 1.000 ptas.

Desayunos monacales, meriendas celestiales y copas tendadoras bajo bóvedas milenarias. Es la idea más piadosa y original que se ha abierto últimamente en Ciutat Vella. Paz y tranquilidad en un ambiente como de iglesia. La propuesta está firmada por Conchita Mont y Gemma Arruga, quienes se han recorrido todos los conventos de clausura del país en busca de polvorones, culebrillas, mazapanes, confituras, vinos, quesos y esos otros secretos gastronómicos que guardan celosamente las monjas y los monjes.

Una puesta en escena magnífica, relajante y medieval. En el piso superior, la tienda, y en la cripta, el salón de té amenizado con música antigua (la sonoridad es excelente) e iluminado con velas, un recogido lugar donde purgar los excesos de las compras.

Yemas de Santa Teresa, trufas de Valladolid, corazones de las Clarisas, nicanores, hojaldres, barritas de almendra, pastas secas de Santa Rita... todo a la vista en el altar, y para beber, tés fríos de fruta, vino de misa, vino rancio, moscatel o combinados que invitan a pecar. La carta de productos es extensísima y el género se renueva semanalmente.

Confidencial

Caelum abre también al mediodía con propuestas de comidas austeras en su bufete tipo self-service. Hay caldo vegetal, «coca de recapta» con escalivada de huerto, quiches, arengadas maceradas en aceite con hierbas, roast beef, y el precio ronda sobre las 1.000 ptas.

Café del Born Nou

Café para todos

Pl. Comercial, 10 (frente al antiguo Mercat del Born)
08003 Barcelona
Tel. 93 237 12 04
Párking enfrente

Nació con vocación de café antiguo y artesano, de centro de conversaciones y de encuentros, de tardes sin prisas y largas sobremesas. Con filosofía, pues, de viejo café en un decorado completamente nuevo, cálido y limpio, de líneas sencillas, tonos ocres, suelo de madera, techos altos y dos grandes portalones abiertos a la calle. Silvia y Roser, hermanas y socias en esta aventura, tienen las ideas claras. Su local reúne a la gente del barrio a la hora del desayuno, a los estudiantes de la Pompeu para el almuerzo, a parroquianos diversos por la tarde, y se transforma en bar musical y de copas los jueves, viernes y sábados a partir de las 20.30h.

La oferta es sencilla pero cuidada. El mejor café, amplia carta de tés elaborados según las más ortodoxas normas, infusiones especiales, chocolate en taza para invierno y granizados naturales para verano, bocadillos de los buenos, pasteles caseros y un menú de mediodía muy apetecible y bien resuelto.

Horario: de 8.30 a 21.30h.
Jueves, viernes y sábado, a las 3h.
Horario cocina: de 1.30 a 16h.
Vacaciones: dos semanas en agosto
Precios: café, 115 ptas.
Café con leche, 150 ptas.
Desayuno simple, 295 ptas.
Refresco, 190 ptas. Té, 250 ptas.
Precio menú mediodía: 1.100 ptas.
Precio copa noche: entre 600 y 700 ptas.

Confidencial

Un lugar tranquilo para hablar, repasar apuntes o leer la gran selección de diarios y revistas que el café pone a la vista y a disposición del cliente.
Exposiciones de pintura que se renuevan periódicamente.
A partir de las 20.30h., ni bocatas ni comidas, sólo copas y música.

La Rambla, 74 (frente al Teatre del Liceu)
08002 Barcelona
Tel. 93 317 75 85 - 93 302 41 80
Párking en c/Unió

Café de l'Òpera

Sabor de viejo café

Horario: de 9 a 2.30h. madrugada
No cierra nunca
Precios: café, 145 ptas.
Café con leche, 155 ptas.
Té, entre 325 y 550 ptas.
Cervezas, entre 390 y 465 ptas.
Chocolate a la francesa, 245 ptas.
Churros, 225 ptas.
Croissant, 155 ptas.
Tapas, entre 325 y 735 ptas.

Un café centenario, clásico y auténtico, que sobrevive abarrotado de jóvenes, intelectuales en la onda y amigos de La Rambla, nacionales y extranjeros. Un ambiente deliciosamente decadente (veladores de mármol con pie de hierro en la entrada, sillas tonet auténticas en la sala y maravillosos espejos grabados al ácido) que invita a sumergirse en la Barcelona ochocentista y disfrutar, en la terraza, del espectáculo colorista y fascinante que ofrece La Rambla a cualquier hora y en cualquier época del año.

El chocolate a la francesa, ni muy espeso ni muy claro, acompañado de churros calentitos, es el producto estrella de esta casa que, además, cuenta con una extensa variedad de cafés, tés, batidos, helados, zumos, tartas y una línea de tapas clásicas del país para el aperitivo. Para los melómanos, a la salida del Liceu, copa de cava para dos a 480 ptas. Es lo clásico.

Confidencial

En el piso de arriba, dos salones tipo vienés con privilegiadas vistas al Teatre del Liceu, que se abren para meriendas tranquilas a partir de las 19h. y se pueden reservar a cualquier hora para fiestas, reuniones y actos culturales con un mínimo de sólo 15 personas. La terraza es soleada y está abierta durante todo el año.

Café del Sol

El mejor sol

Plaça del Sol, 16 (en Gràcia, por encima de Travessera de Gràcia)
08012 Barcelona
Tel. 93 415 56 63
Párking en la misma plaza

Situado en el epicentro del barrio de Gràcia, en la carismática Plaça del Sol, y arropado por una ristra de bares de nombre similar, este Sol es nuestro favorito. Bohemio y plácido café de barrio durante el día, se transforma en un bar de copas y de amigos por la noche. Tertulias, romances, risas... todo y lo mejor se da cita en este lugar cuya sencillez demuestra que no son necesarias grandes extravagancias para llenar un local. Aquí no hay más reclamo que una soleada terraza, llena tanto en verano como en invierno, un interior clásico y acogedor, con dos pisos, parquet, mobiliario de madera, exposiciones artísticas, y un público mezclado. Parejas, grandes grupos, artistas o esnobs.

El fabuloso sol del mediodía se disfruta mejor acompañado de berberechos en salsa o de anchoas de Santander, dos especialidades de la casa. Por la tarde, un buen café o una cerveza amenizan las tertulias tranquilas cómodamente instalados en las acogedoras butacas del interior. Entrada la noche, el Café del Sol, es, sobretodo, un animado lugar de encuentro con música especialmente escogida entre lo mejor del jazz, blues y rock.

Horario: de 13 a 3h.
Precios: durante el día:
café, 150 ptas. Refresco, 200 ptas.
Cerveza, 200 ptas.
Tapa aperitivo, alrededor de 450 ptas.
Por la noche: café: 200 ptas.
Refresco y cerveza, 300 ptas.
Cubata, 800 ptas.

Confidencial

Un secreto para neófitos, no hay en Barcelona anchoas como las del Café del Sol. ¡Son de un palmo!
Una vez al mes organizan *vernissages* para la inauguración de las diversas exposiciones de fotografía y pintura que acoge el local.

Plaça Sant Iu, 5 y 6
(Museu Frederic Marès. Entre
Avda. Catedral y c/ del Bisbe)
08002 Barcelona
Tel. 93 310 30 14. Zona peatonal
Párking Avda. de la Catedral

Cafè d'Estiu

Privilegio ciudadano

Horario: de 10 a 22h.
Cerrado: lunes
Vacaciones: 1 de octubre
a 30 de marzo
Precios: café, 150 ptas.
Café con leche, 200 ptas.
Croissant, 150 ptas.
Refresco, 225 ptas.
Té con menta, 400 ptas.
Pasteles, 525 ptas.
Sándwiches, 325 ptas.

Un placer de dioses en pleno Barri Gòtic. Es la mejor. La mejor y la más agradable terraza que hay en esta ciudad. Apacible, recoleta, escondida y deliciosa. Todos los adjetivos son pocos para describir este patio de generosas dimensiones y equilibrada combinación de espacio cubierto y, sobre todo, abierto, con naranjos, magnolias y bucólico surtidor cuyo murmullo parece impregnar de suave frescor la tarde. El Cafè d'Estiu, el bar del Museu Frederic Marès, es una rareza que vale la pena cultivar –abren el 1 de abril y cierran el 30 de septiembre–, la temporada es corta, pero suficiente para comprobar que la utopía existe alrededor de ese ramillete de mesillas aquietadas y con vistas a la Catedral.

Té con menta, buen café, pasteles caseros, guacamole, humus o sándwiches. Una carta mínima que sale de un quiosco de juguete, todo cuidado y servido con amabilidad, a cualquier hora del día.

Confidencial

Sol al mediodía. Reconfortante en abril y mayo, a partir de junio, pega tan fuerte que se agradece la sombra y hay que guarecerse bajo el toldo y las sombrillas. Las tardes de verano son frescas y agradables.

Un buen lugar para citarse con viejos amantes, iniciar nuevas historias o desayunar, tarde y en pareja, tras una noche redonda. En cualquier caso, también es ideal para solitarios. Los periódicos los pone la casa y el escenario todo lo demás.

Café Royale

Bautizo de lujo

Nou de Zurbano, 3 (entre Pl. Reial y c/ Escudellers)
08002 Barcelona
Tel. 93 317 61 24
Párking en Escudellers o en La Rambla

Recién abierto y descolocado en una calle cutre cercana a la Plaça Reial, este local de diseño vanguardista ha tenido un estreno de lujo. Almodóbar fue el padrino, y en sólo una noche y una fiesta lo lanzó directo al estrellato. Esperen y verán, el Café Royale podría tener un futuro de ensueño.

De momento, hoy y ahora, un local innovador, bien resuelto, estupendamente iluminado y con un mobiliario (taburetes de piel de serpiente en color rojo, sofá de sky, terciopelos rosa salmón y labavos impactantes) lo suficientemente disparatado como para cautivar a Antxón Gómez, escenógrafo de *Todo para mi madre* y encargado de buscar un lugar para que Almodóbar celebrara con su troupe, entre amigos y en privado, la fiesta de los Goya. Ciento cincuenta invitados, lo mejor de lo mejor, Marisa Paredes, Emma Suárez, Massiel, Loles León, Alejandro Amenábar, Eduardo Noriega y todo el equipo de la productora El Deseo, apadrinaron el bautizo. Pero la fiesta no acaba ahí, porque Toni Merchant, el dueño, (un tío simpático y con mucha mili detrás) ha conseguido atraer a su local a la gente más divina, guapa y popular que vive o pasa por la ciudad.

Horario: de 11 a 2.30h.
Precios: café con leche, 140 ptas.
Tarta, 475 ptas.
Refrescos, 400 ptas.
Copas, entre 800 y 1.000 ptas.

Confidencial

Perteneciente al Hotel Barcelona House, el Café Royale sirve ya desayunos y pequeñas tartas a partir de las 11h. de la mañana, y finalmente quedará unido a las dependencias del hotel a través de un restaurante, el Tasca-Taca, que se inaugurará próximamente.

Cafetería Metrópoli

Plaza dura

Montalegre, 5 (En el CCCB. También hay acceso por la Plaça de Joan Coromines)
08001 Barcelona Tel. 93 412 09 54
Zona peatonal. Párking: posibilidad de aparcar en las calles de alrededor

Horario: de lunes a viernes, de 9 a 20h.
Sábados y domingos, de 11 a 19h.
Horario comida: de 13 a 16h.
Precios: café con leche, 170 ptas.
Refresco, 225 ptas.
Caña cerveza, 175 ptas.
Oferta desayuno (hasta las 12h.): café con leche, pasta y mini-bocadillo, 275 ptas.
Precio Menú del mediodía: 1.300 ptas.
Precio medio carta: 2.300 ptas.

Se accede por el CCCB, o por la Plaça dels Àngels, a través del MACBA. Dos rutas imprescindibles que conducen a algunas de las propuestas culturales más interesantes que programa la ciudad, pero además, dos plazas duras y peatonales, llenas de vida, razas, color, niños que juegan a la pelota y saltan en *skate*, perros que pasean a su aire y animadas terrazas al sol. La idea no nos puede gustar más, y la Cafetería Metrópoli, con la garantía del Grupo Paradís, podría ser nuestro punto de partida, especialmente si es primavera y hace sol.

Un mobiliario básico y un espacio aprovechado al máximo, visitantes del museo, estudiantes y personal de *La Vanguardia* suelen ser los clientes más asiduos que se llegan hasta aquí a desayunar o a degustar un menú casero, mediterráneo y muy correcto. Desde unas buenas lentejas a carnes a la plancha, o una carta pequeña con arroces, pastas, fideuá y varios segundos completos que pueden servir de plato combinado.

Confidencial

Su terraza, frente a la Plaça de Joan Coromines y recogida del viento, tiene a partir de las 12h. el mejor sol de la ciudad. Lástima que permanezca cerrada los meses de diciembre, enero y marzo, porque las mañanas soleadas de invierno son también muy apetecibles.

Canal

Dulces tentaciones

Muntaner, 566
(por debajo Plaça Bonanova)
08022 Barcelona
Tel. 93 417 10 53
Párking esquina c/ Reus

Conquistó a la clientela más exigente con dulces inventos desde el pequeño establecimiento de la calle Calvet y ahora, con treinta años de experiencia y un reconocido prestigio como «mestre pastisser», Xavier Canal nos sorprende de nuevo en un local esplendoroso e innovador. De líneas estrictas e impecables, luminoso, racionalista y con una estética de inspiración zen, el recién nacido Canal da un paso adelante en cuanto al concepto de pastelería y salón de té se refiere. Aquí, en una mesa con capacidad para 16 personas, se puede degustar a todas horas, desde un riguroso té con pastas a inéditos y sofisticados postres de alta repostería. Cada plato con su especial presentación y un servicio de mesa de cinco estrellas.

La carta es exquisita y va variando en función de la estación: semicuit de chocolate amargo 70% con crèpe dentelle de naranja y helado de vainilla bourbon. Bavaroise de tres chocolates, crujiente de pistacho y trufa blanca de menta. Mil hojas de chocolate. Jívara con crema de té de zarzamora y jarabe de frutas del bosque. Además, una carta especial de chocolates, un completísimo surtido de pastelería y, en salado, quiches, bocadillos, croissants rellenos o chapata de jabugo.

Horario: de 8.30 a 20.30h.
Domingos: de 8.30 a 15h.
Precios: café, 150 ptas. Café con leche, 190 ptas. Té, 275 ptas.
Refresco, 225 ptas.
Desayuno simple: 330 ptas.
Plato de postre: 950 ptas.

Confidencial

Hijos de una fonda de pueblo, los hermanos Canal, Xavier y Mercedes, él en el obrador, ella en la tienda, son los artífices de esta renovación. En las bandejas y vitrinas de sus dos tiendas, la otra en Calvet 15, hay lugar para la tradición y para la modernidad. Una pastelería plural en la que no falta ni uno solo de los dulces rituales que salpican el calendario catalán.

Can Conesa

L'entrepà

Llibreteria,1
(esquina Pça. Sant Jaume)
08002 Barcelona
Tel. 93 310 13 94
Zona peatonal.
Párking en la Catedral

Horario: de 8 a 21.30h.
Festivos: de 10 a 14.30h. y de 18.30 a 21.30h.
Cerrado: domingos
Precios: café, 110 ptas.
Refresco, 150 ptas
Bocadillos, entre 300 y 450 ptas.
Pizzas, entre 335 y 434 ptas.
Ensaladas, entre 270 y 400 ptas.

Un clásico de los bocatas en la Plaça de Sant Jaume. No es más que un pequeño quiosco, pero siempre, siempre, con largas colas de gente que espera pacientemente su turno a la puerta, y es que en este mínimo espacio la familia Conesa lleva ya un montón de años haciendo maravillas. Su especialidad son los bocatas a la plancha, de frankfurt, lomo, salsichas, hamburguesa, tortilla, sobrasada, y de combinaciones diversas con pan caliente y al gusto del consumidor, como por ejemplo, sobrasada y roquefort, tortilla de patata y cebolla con chorizo picante, o hamburguesa con queso, cebolla, lechuga, mostaza y ketchup. Todo a ritmo de *fast food* con estilo catalán.

Los bocatas se comen paseando por la calle, sentado en plena plaza o, si lo prefiere, puede intentar instalarse en alguna de las mesas que tiene el local. Para completar el almuerzo los Conesa proponen un reconfortante caldo en invierno, ensaladas más o menos imaginativas y las clásicas pizzas.

Confidencial

En horas punta la espera puede ser larga, de hasta hora y media más o menos, pero al llegar a la meta siempre hay premio. Para entretener el hambre, y como novedad, la casa ha instalado en la calle una freidora automática de patatas en régimen de autoservicio. ¡Están buenísimas!

Can Paixano

El bazar de los bocatas

Reina Cristina, 7
(esquina Pla de Palau, detrás
del restaurante 7 Portes)
08003 Barcelona
Tel. 93 310 08 39
Zona peatonal. Párking
en Pg. Nacional y Plaça Palau

Mil bocatas distintos: fríos, calientes o a la plancha y, para beber, una o varias copas de vino espumoso o cava de la casa. Calidad correcta y a precio tirado. Esta es la oferta de Can Paixano, un bar histórico situado entre los bazares del puerto que no desentona con sus vecinos, también aquí se encuentran gangas.

Popular, ruidoso y rápido, no hay mesas, sólo dos largas barras siempre abarrotadas de gente que come a dos carrillos unos bocatas de esos que se desbordan por los lados y no tienen desperdicio: lomo con pimientos, butifarra con cebolla, sobrasada y queso... La copa se apoya en donde quepa y la servilleta de papel se tira al suelo.

Los sábados el local se pone a reventar y la clientela se espera en una la calle también llena, y a morir.

Horario: de 9 a 22.30h.
Cerrado: domingos y festivos
Precios: copa, entre 70 y 90 ptas.
Bocadillos, entre 175 y 300 ptas.

Confidencial

Al fondo, una pequeña sección de venta de los productos que se degustan en la casa: vino gasificado Can Pejano y cava Ramón Berenguer I, queso, jamón, embutidos, latas de atún, salmón ahumado e, incluso, ensaimadas mallorquinas recién llegadas de Palma. El precio es bueno pero, a diferencia de los bazares de la zona, aquí no se admite el regateo.

Caputxes

Las Floretas

Caputxes, 4 (frente a la iglesia de Santa Maria del Mar)
08003 Barcelona
Tel. 93 268 13 84
Zona peatonal. Párking en Pl. Comercial, junto al Pg. del Born

Horario: de 9.30 a 1h.
Precios: café, 125 ptas. Café con leche, 150 ptas. Licuado de frutas naturales, 400 ptas.
Batido, 450 ptas.
Tostadas con mantequilla y mermelada, 250 ptas.
Sándwiches, entre 250 y 700 ptas.
Quiches, entre 300 y 800 ptas.
Precio menú mediodía: 1.000 ptas.
Precio medio carta: 2.500 ptas.

Primero fueron floristas. Luego, y hasta ayer mismo, se especializaron en desayunos y meriendas sanas en su pequeño y encantador café de la Plaça de les Olles: La Floreta. Hoy, Ana, Marisa y ahora también, Irene, han trasladado su oferta a un nuevo local, más amplio pero igualmente encantador, con terracita agradable y las mejores vistas sobre Santa Maria del Mar.

Abierto durante todo el día, el Caputxes es un bar que trasmite cariño familiar, con una decoración muy neutra en donde lo importante son los arreglos florales que van cambiando según la época del año.

Sus zumos naturales, sus licuados de frutas y batidos, sus crepes dulces y sus pasteles ligeros son inmejorables, quedó demostrado en el anterior local. Además, hay sándwiches muy completos, con pan negro o blanco, pizzas, quiches o ensaladas trabajadas de esas que ellas saben hacer, y una carta ya de restaurante, con sopas, pastas, arroces, alguna hamburguesa bien elaborada y roast beef. Todo con ese toque moderno, sano y casero que le ponen las dueñas del local.

Confidencial

Extensa carta de cafés, tés, chocolate, yogures naturales y dulces. Es un lugar tranquilo, ideal para desayunos, meriendas, comidas ligeras y tentempiés. Enfrente, Santa Maria del Mar y las más lujosas bodas de la ciudad con los novios y su desfile de invitados, elegantísimos, como inaudito espectáculo.

Cheker

Aires nuevos

Marià Cubí, 186 (esquina
c/ Sagués y cerca de c/ Calvet)
08021 Barcelona
Tel. 93 200 82 74
Párking por la zona o en c/ Calvet

Es una coctelería de apertura reciente, cuidado diseño y aires transgresores que no guarda demasiadas similitudes con las coctelerías clásicas. Pensada y hecha para la nueva generación noctámbula y marchosa que invade la zona durante los fines de semana, Cheker carece de esa atmósfera tibia e íntima que caracteriza a los locales de su clase, hay música fuerte, *overbooking*, baile a lo grande y en las cocteleras los «chekers», la bebida de la casa, se sirve en régimen de self-service. Da igual, la oferta gusta y mucho, el local se suele llenar hasta la bandera de una juventud enfebrecida que baila al ritmo de los éxitos de ayer, de hoy y de siempre y que enloquece hasta el delirio cuando se apagan las luces y toca la campana como inequívoca señal de que ha entrado el momento en que los chekers se ponen a mitad de precio. Es la gracia del local y hay que aprovecharla.

Horario: de 23 a 3h.
Cerrado: domingos, lunes, martes y miércoles
Vacaciones: agosto
Precios: cerveza barril, 400 ptas.
Cerveza de importación, 500 ptas.
Copas, a partir 700 ptas.
Chekers, entre 1.300 y 1.600 ptas.

Confidencial

El ideólogo de los chekers de esta casa es Oscar Rodríguez, campeón de Catalunya de coctelería y autor de las 10 fórmulas que hay en la carta, una variedad que se renueva constantemente.

Santaló, 51 (esquina Laforja)
08021 Barcelona
Párking en calles Marià Cubí
y Madrazo

Chipén

Bar de esquina

Horario: de 18 a 2h. Viernes y sábados, hasta las 3h.
Domingos: de 17 a 1h.
Precios: café, 115 ptas.
Café con leche, 140 ptas.
Pastas, 125 ptas.
Refresco, 125 ptas.
Cerveza, 180 ptas.
Bocadillos, 350 ptas.
Tapas, entre 150 y 500 ptas.
Combinados, 600 ptas.
No se aceptan tarjetas de crédito

Confidencial

Buena y soleada terraza que en los meses de verano se pone a morir.
Otros bares de la misma calle y a pocos metros: Gimlet, Marcel, Casa Fernández, Racó d'en Marcel y Fandango.

Un pequeño bar de barrio que se suma al bullicioso atractivo nocturno de la calle Santaló, sin música y con una oferta de lo más normal, copas y cervezas, pero lo cierto es que las noches de los jueves, viernes y sábados, sus noches estelares, en Chipén no cabe ni un alfiler. El propio público y una terraza a rebosar, son sus mejores reclamos.

Entre semana, desayunos, aperitivos, cervezas, algún bocadillo y cafés, en una espléndida esquina en forma de glorieta acristalada que hace las delicias de esa clientela habitual y del barrio, amas de casa, universitarios, vecinos y *voiyeurs*.

Dietrich

Café cantante

Consell de Cent, 255 (entre Muntaner y Aribau)
08011 Barcelona
Tel. 93 451 77 07
Párking en Muntaner

Un local espléndido dedicado a la gran Marlene. Ella es la diosa de la noche en este glamouroso café-disco-bar en donde, Mao, Lis y Arroba, las mejores *drag queens* de la ciudad ponen a diario la guinda a una fiesta disparatada y loquísima que tiene en toda esa movida *gay de luxe* y acólitos sus más fieles protagonistas.

Grande y bonito –madera oscura, dos niveles y dos barras, disc jockeys, música house, tarima en donde exhibirse y jardín acristalado–, el Dietrich está, desde hace tres años, en la escudería de los del Café Miranda (Casanova, 30), Joseph, Albert y Julio, tres expertos del glamour escénico, son los responsables, y para animar al personal han puesto en marcha también «La noche de la oportunidad», un concurso de aspirantes a la gloria con actuaciones espontáneas de todo tipo.

Horario: de 22.30 a 3h.
Horario espectáculo: a partir de la 1h.
Precios: refrescos y cervezas, 500 ptas.
Combinados, 800 ptas.

Confidencial

Las sesiones glam en play back no tienen horario fijo, suelen comenzar a la 1h. con espectáculos de 5 minutos de duración, que no rompen la noche. Entre semana, Mao, Lis y Arroba actúan 3 o 4 veces, pero los sábados pueden hacer hasta 6 pases a petición de un público que no admite negativas.

Manuel de Falla, 16-18
(esquina Capità Arenas)
08034 Barcelona
Tel. 93 204 11 20

Dole Café Bar

Barra de amigos

Horario: desde las 6 a las 20h.
Sábados, hasta la 1.30h.
Cerrado: domingos
Precios: café, 115 ptas.
Café con leche, 165 ptas.
Desayuno simple, 330 ptas.
Bocadillos, entre 250 y 450 ptas.

Pequeño, sólo dos barras frente a frente separadas por un pasillo, taburetes y un amplio ventanal hacia la calle. Su apariencia es discreta e incluso impersonal pero el Dole tiene gancho, ¿el secreto?, hay varios. Primero, el producto: francamente inmejorable. El mejor café de la zona, con espuma y cacao, croissants calientes de Sacha, bocadillos tipo flauta hechos al momento, bien untados de tomate y aceite y con embutidos de primerísima calidad.

Segundo, el trato: atento, cariñoso, familiar, amable y exquisito. Leandro es el ideólogo, aprendió el oficio en el establecimiento de sus padres y abrió el suyo, el Dole, cuando sólo tenía 15 años.

Tercero, el ambiente: siempre en ebullición. Los clientes aparcan en doble fila, de paso hacia el trabajo o llegados expresamente desde cualquier punto de la ciudad, señoras de buen ver, empresarios, estudiantes, extranjeros despistados en una zona no turística... Los «doleros» son legión, todos se saludan y, a fuerza de tanto desayuno compartido, acaban siendo amigos. Los sábados por la mañana el local resulta totalmente insuficiente y los corrillos de tertulia se prolongan en la calle.

Confidencial

Hay tortillas variadas, ensaladilla rusa de absoluta confianza, y entre el amplio surtido de bocadillos hay dos que son las estrellas de la casa: el Maravillas, con lomo queso y cebolla, y el Popeye, de jamón salado con queso y espinacas.

Dot

Distancias cortas

Nou de Sant Francesc, 7
(entre Escudellers
y Josep Anselm Clavè)
08002 Barcelona
Tel. 93 302 70 26
Párking: c/ Escudellers

Es sin duda uno de los bares musicales más interesantes del momento. Bien planteado, bien llevado, vanguardísticamente iluminado y lleno hasta el agobio durante los fines de semana, el Dot Light Club es un local de rollo joven y moderno, muy al estilo neoyorkino, que abrió hace dos años en lo que había sido un antro-bar de transformistas, el Saint German de Pret. Dos espacios unidos por la mejor música techno y separados por una cortina de luz. El primero, con luz roja, conserva todavía la barra, los espejos y algún mueble de su pasado. El segundo es totalmente nuevo, frío y de luz azul.

Una movida distinta para cada día de la semana, música experimental, fusión, classic groves, música latina, funky, drum & bass y lounge. Kosmos, el *dj* residente se alterna con otros invitados, Angel Dust, Lippo o Chop Suey, para realizar las más sutiles mezclas acústicas. Esporádicamente, actividades extra, pases de cortos, películas años cincuenta, *dj's* con música en directo, presentaciones o intercambio de *dj's* con clubs extranjeros.

Horario: de 22 a 2.30h.
Viernes y sábados, hasta 3h.
Precios: refrescos y cervezas, 400 ptas. Combinados, 800 ptas.
No se aceptan tarjetas de crédito

Confidencial

Portero a la entrada para evitar el *overbooking* de los fines de semana. El público está formado por gente muy *cool*, guapos, modernos, enrollados, lo mejor de lo mejor. No hay pérdida, incluso quien no está en el mundillo lo entiende a la primera. Este es el bueno.

Aribau, 162 (esquina c/París)
08036 Barcelona
Tel. 93 217 50 72
Párking: Aribau,
entre Còrsega y París

Dry Martini

Bar de culto

Horario: de 18.30 a 2.30h.
Viernes y sábados hasta las 3h.
Precios: cerveza, 550 ptas.
Copa, 800 ptas.

Tres largos años le llevaron a Pedro Carbonell, maestro del noble oficio de la coctelería, crear este templo en homenaje al Dry Martini que inauguró hace más de dos décadas. Discreto por fuera, elegante y acogedor en su interior, forrado de madera y moqueta, su decoración es exquisita y la barra, una *mise en scene* inigualable en donde oficia el barman ejerciendo su mágico ritual en cocteleras de plata. Botellería antigua en las vitrinas y gran colección de arte en sus paredes dedicada al cóctel que da nombre al establecimiento. El prestigio de este local ha traspasado fronteras y está considerado mundialmente como un bar de referencia. No conocerlo es, para un barcelonés, imperdonable.

La casa ofrece una carta con gran variedad de cócteles, pero el Dry Martini frappé es el must, lo sirven con reverencia, siguiendo las más estrictas normas, en bandeja de plata y con mantel. Como acompañamiento, hay tapas sofisticadas y especialmente diseñadas para la ocasión, como los rabanitos a la vinagreta o el pan tostado con dátil y anchoa. También, canapés buenísimos y un surtido de 10 o 12 clases de conservas de primera.

Cava de puros y de vinos. Desde hace tres años, Javier de las Muelas, otro apóstol del Dry Martini, es el ideólogo del local.

Confidencial

Ambiente durillo por las tardes: señores maduros de americana cruzada con botones dorados y despampanantes rubias. Por las noches, buena mezcla, todos los sexos, todas las edades y todos los *looks*, con conocidos periodistas, escritores y publicistas asiduos y amigos de la casa.

El Bar del Majestic

De muchas estrellas

Passeig de Gràcia, 68 planta baja
(esquina València)
08008 Barcelona
Tel. 93 488 17 17
Párking detrás, en el pje. Camps Elisis o subterráneo en Pg. de Gràcia

Con una tradición de 75 años de impecable historial hotelero a sus espaldas, el Majestic ha inaugurado el 2000 con nuevo *look*, todo su empaque arquitectónico de principios de siglo lustroso y brillante, unido ahora, tras dos años de reformas, a la tecnología más puntera y al confort moderno.

Elegante, severo, profesional y totalmente abierto a la ciudad, el Bar del Majestic, ubicado en la planta baja del hotel y en el centro neurálgico de las compras, negocios y vida nocturna de Barcelona, es ya un epicentro de encuentros cosmopolitas, un interesante cruce de idiomas, nacionalidades, edades y profesiones varias. Las mañanas se asemejan aquí a la sala VIP de un aeropuerto, lleno de ejecutivos con teléfonos móviles y ordenadores portátiles. Las tardes son polivalentes, y las noches se transforman en un acogedor espacio, coctelería clásica, piano-bar, música en vivo y pequeña carta de sándwiches, tapas y bocaditos que elabora el chef de la casa y sirven como excusa para prolongar las veladas en animadas charlas.

Horario: de 10 a 2h.
Horario piano bar: de 19 a 24h.
Horario música en vivo: viernes y sábados de 23 a 2h.
Precios: café, 245 ptas.
Café con leche, 245 ptas.
Té, 365 ptas. Chocolate, 400 ptas.
Bollería, 325 ptas.
Mini sándwiches, 350 ptas.
Tapas, 300 ptas.
Vermouts, Martinis y similares, 445 ptas. Vinos generosos, 370 a 720 ptas.
Cócteles, 825 a 1.050 ptas.
Whisky, 710 a 1.890 ptas.

Confidencial

El Majestic está ya a punto de inaugurar un nuevo bar, esta vez en la 10ª planta, con piscina, fitness, sauna, sala de máquinas y masajes para sus clientes. La terraza y el bar son de libre acceso para el público en general dentro de un horario que abarca desde las 19 a las 22h. Posibilidad de copas y vistas panorámicas sobre la ciudad.

Montserrat, 9
(cerca de La Rambla,
una travesía del Arc del Teatre)
08001 Barcelona
Tel. 93 301 85 75
Párking en el edificio Colón,
c/ Santa Mònica

El Cangrejo

La noche más patética

Horario: de jueves a sábado, de 19 a 6h.
Cerrado: domingo, lunes, martes y miércoles
Horario espectáculo: de 0.15 a 4h.
Precios: Sin espectáculo, refresco, 300 ptas.
Copas, 600 ptas.
Con espectáculo, refresco, 1.000 ptas.
Copas, 1.500 ptas.

Un café cantante, entre mítico y patético, sólo apto para aquellos que buscan impresiones fuertes. Si éste es su objetivo, no lo dude, respire hondo y adelante, El Cangrejo es uno de esos sitios que no se puede perder. Se abrió en 1902 como taberna, centro de contratación de artistas y escuela de flamenco, y entre otros muchos bailaores, aquí debutó Carmen Amaya en 1924. Un local de leyenda que ha sido celebrado y visitado por un montón de famosos y famosas, desde Madonna a Tina Turner o Alaska, que cuando viene sirve copas tras la barra, pero lo cierto es que el día a día del local es más bien cutre, con despedidas de solteros/as y un montón de borrachos y colgados armando follón entre el público, mientras en el escenario actúan, impasibles, un ramillete de travestidos imitando a Lola Flores, Rocío Jurado, Ortega Cano y otros números folclóricos que tienen a Carmen Mairena, la artista estrella de la casa, como protagonista.

La barra está al final y allí está Ramón de la Torre, el dueño, que además decide quién se queda y quién no. Si le queda tiempo entre tantas emociones le recomendamos que se fije en la decoración, es antológica.

Confidencial

Si al salir aún le quedan fuerzas, ha de saber que en esta zona (una zona no exenta de peligros), hay otro local en la misma línea pero aún más tétrico y canalla: La Concha (Guàrdia, 14), un café cantante dedicado en exclusiva a la gran Sara Montiel, con farolillos, fotos de esta artista, un árbol de Navidad y hasta un televisor.

El Bosc de les Fades

El café encantado

Ptge. de la Banca, 7 (en el Museo de Cera, junto a La Rambla)
08002 Barcelona
Tel. 93 317 26 49
Párking en la calle de abajo, Josep Anselm Clavé

Una cafetería de museo absolutamente singular, se creo hace 6 años con escenografía propia y cada año incorpora nuevas y divertidas sorpresas. Cualquier parecido con la realidad es aquí pura coincidencia, el Bosc de les Fades es un mundo imaginario que podría ubicarse entre las mejores atracciones de Disney World. ¿Le apetece saborear un café con leche calentito y un buen croissant de mantequilla en medio de un bosque habitado por hadas y duendes, con fuentes y cascadas deslizándose entre los árboles?, ¿o prefiere merendar en la habitación de un castillo?, ¿o quizá tomarse una copa en la casita de los gnomos, desde cuya ventana se ven las estrellas y se oyen los grillos? Hay muchos más escenarios, todos ingenuos y de cartón piedra, donde elegir.

Los niños están en su ambiente, pero, curiosamente, no son sólo ellos quienes aprecian esta ambientación, y El Bosc de les Fades se ha convertido también en el café preferido de muchos estudiantes que buscan su calidez y escasa luz para soñar en pareja, turistas boquiabiertos, y grupos de señoras de mediana edad que todavía creen en los cuentos. El público es diverso, el día es largo y da para muchos visitantes y para muchos sueños.

Horario: de 10.30 a 2h. madrugada. De jueves a domingo, hasta las 3h.
Precios: café, 125 ptas.
Café con leche, 140.
Croissant, 150 ptas.
Refrescos, 250 ptas.
Zumos, 250 ptas.
Cerveza, 300 ptas.
Cubata, 800 ptas.
Bocadillo pequeño, 125 ptas.

Confidencial

Al fondo a la derecha, los lavabos, en la misma línea de cuento de hadas. Merecen visitarse.
Hay tertulias, presentaciones, recitales de música y de cuentos, dentro de un programa más o menos estable que el museo anuncia en la entrada.

Riera Alta, 4-6
(entre c/ del Carme
y c/ Joaquín Costa)
08001 Barcelona
Tel. 907 18 90 96
Párking en la misma calle

El café que pone Muebles Navarro

Tertulia en clave kitsch

Horario: de martes a jueves de 17 a 1h.
Viernes y sábados: de 17 a 2h.
Domingos: de 17 a 1h.
Cerrado: lunes
Precios: café con leche, 150 ptas.
Cerveza, 250 ptas.
Combinado, 600 ptas
Bocadillos, de 550 a 695 ptas.

Un café de hoy, como los de antes pero en clave kitsch. Roberto y Manolo, dos norteamericanos, barceloneses de adopción, lo abrieron no hace aún dos años en el mismo local que antes había ocupado la popular casa de muebles. El rótulo se conservó, y el espacio –300 m^2, techos altos– se acondicionó con los mejores sofás de sky, cretonas floreadas o imitación de piel de cebra, sillas de todos los estilos, *chaise longues*, mesitas de centro, lamparitas y hasta incluso una cama de las mil y una noches. Una recopilación anárquica, divertida y sorprendente de restos de esos que ya nadie quiere organizados en pequeños salones para grupos de 2, 3 y hasta 15 personas que aquí se sienten como en casa. Un espacio abierto y tentador con música en directo: jazz, blues, pop... exposiciones de cuadros, fotografías o performances.

Buen café, té con pastas, copas y algo para picar: desde unas patatas a surtido de embutidos, quesos y sofisticados bocadillos como el de salmón curado o el de picadillo de pollo con eneldo y mayonesa. La tarta de queso neoyorkina es excelente, y todo de confianza, hecho en casa.

Confidencial

El ambiente es totalmente informal, con público variopinto, alternativo, multiracial y del barrio, que se reúne a charlar, leer o incluso estudiar y repasar apuntes a su aire, zapatos fuera y pies sobre la mesa. Dicen que quien lo visita se convierte en adicto y las tardes-noches de los fines de semana suelen ser mortales.

El Chiringuito del Turó Parc

Cita en el parque

Jardins del Turó Parc
(frente a c/ Ferran Agulló)
08021 Barcelona
Párking zona azul en las calles de alrededor o subterráneo en Pau Casals

Los vecinos del Turó Parc están de suerte, no sólo disfrutan de una zona verde absolutamente privilegiada, sino que además, Parques y Jardines ha tenido el acierto de dar la concesión del pequeño quiosco de bebidas a Sonia, una jovencísima milanesa que, con buen gusto e ilusión, ha convertido este rincón del parque en un lugar cuidado e idílico, sin pretensiones, totalmente naïf, pero en donde se encuentra lo justo y lo que se tiene que encontrar.

Doce mesas bajo las acacias, frente al lago, con silloncitos de mimbre en donde recalan mamás con niños, lectores de periódicos, paseantes de perros, parejitas y amantes varios de la calma y del sol. Un chiringuito absolutamente mínimo, con chucherías y refrescos, de donde salen también buenos cafés, chocolate caliente, horchatas, granizados, tartas, bocadillos de embutido italiano, quiches, ensaladas y hasta algún plato de cocina apto para paladares exigentes. Todo muy limpio, mimado y servido con amabilidad.

Horario: abre a las 10h. hasta la puesta de sol
Precios: café, 150 ptas.
Café con leche, 175 ptas.
Pastas, 150 ptas.
Refrescos, 175 ptas.
Cerveza, de 175 a 225 ptas.
Bocadillos, entre 400 y 525 ptas. Quiches, 400 ptas.
Ensaladas, 800 ptas.
Plato cocina, 800 ptas.
No se aceptan tarjetas de crédito

Confidencial

A años luz de otros chiringuitos similares instalados en el resto de los parques públicos de la ciudad. En éste, ni vasos de plástico ni papeles por el suelo, y hasta una pequeña maceta con flores en cada mesa que evidencia una forma de hacer cariñosa y con tacto.

Sant Eusebi, 36
(entre Balmes y Alfons XII)
08006 Barcelona
Tel. 93 218 62 94
Párking en Madrazo o en la gasolinera de Balmes

El Local

Copas amables

Horario: de 22.30 a 3h.
Cerrado: domingo y lunes
Vacaciones: agosto
Precios: refrescos y cervezas, 400 ptas.
Combinados, 800 ptas.

Se abrió hace veinte años en una pequeña torre de la parte baja de Sant Gervasi, sin pretensiones, no hay luces de colores, ni mobiliario de diseño, ni terciopelos, ni parquet, sólo mesitas de madera, paredes color crema, buena música y, al fondo, un patio interior. Es un bar para hablar, para tomar copas amables en un ambiente cálido y familiar, un bar para relajarse antes de iniciar la marcha nocturna (el Otto está cerca), para reencontrarse con amigos y para recordar.

Lleno, sin pasarse, de una clientela fiel, que ha crecido y se ha conocido en El Local, un público que no supera los treinta, bien educado y sin estridencias.

El patio interior, pequeño pero bien acondicionado con bancos, es un lugar más silencioso que el interior y con un encanto especial, para salir a hablar o tomar una copa.

Confidencial

El jueves (el día más joven) suena música rock-pop, el viernes se pincha house y funky, y el sábado dance. La música se oye bien y a una intensidad suficiente como para que quien quiera pueda bailar.

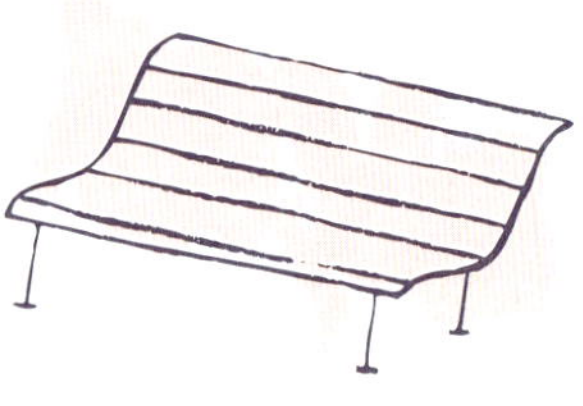

El Taco de Margarita

De nuevo margarita

Pl. Duc de Medinaceli, 1
(junto c/ Ample)
08002 Barcelona
Tel. 93 331 86 32
Párking: c/ Ample

Fue el segundo espacio de la familia de los Blue, Margarita Blue el primero, Rita Blue el útimo, y entremedio, El Taco, un bareto reciclado que nació hace menos de un año con la soga ya en el cuello: ha de morir dentro de tres. No hay problema, la casa tiene su propia fórmula que funciona desde el primer día y bien, una mezcla de gastronomía mexicana, copas, decoración kitschosa, precios suaves y público eclético. No falla.

Un local cutre en tonos trepidantes, lilas, rosas, azules, manteles de plástico y platos de papel a ritmo de salsa, funky y techno. Su clientela, joven y mezclada, se encuentra a gusto.

Cafés y desayunos por la mañana, taquería mexicana a partir del mediodía y copas por la noche. La carta ofrece 15 tacos distintos, una especie de tortitas rellenas, entre los que sobresalen el de gambas con pimientos, el vegetariano o el de carne de cordero, bocadillos convencionales, guacamole y postres.

Horario: de 8 a 3h.
Sábados y domingos,
de 19 a 3h. madrugada
Precios: café, 100 ptas.
Taco, 375 ptas.
Copa, entre 700 y 800 ptas.

Confidencial

El local dispone de un piso superior en donde se realizan actividades alternativas, masajes, ventas ocasionales o conferencias. Además, jueves, viernes y sábados, desde las 19h., imagen integral con servicio de peluquería, maquillaje y trabajos especiales como extensiones, afro, etc., siempre con una copa en la mano.

El Tío Ché

Sabores veraniegos

Rambla del Poblenou, 44-46
(entre c/ Llull y c/ del Taulat)
08005 Barcelona
Tel. 93 309 18 72
Párking en las calles cercanas

Horario temporada de verano (junio a septiembre): de 10 a 1h. Viernes y sábado, hasta las 3h.
Horario temporada de invierno: de 10 a 13h. y de 17 a 21h.
Cerrado: miércoles en invierno
Precios: helado, entre 125 y 250 ptas. Leche merengada, entre 225 y 525 ptas. Horchata, entre 200 y 500 ptas.

Creado en 1934, este local sigue siendo un buen punto de referencia para todos aquellos a quienes les vaya lo auténtico y popular, en este caso, una buena horchata acompañada de «fartons» valencianos, tomada en un entorno genuino y sin sofistificación. Su terraza, concurridísima en verano, es toda una institución que da sabor y colorido a la Rambla del Poblenou. El repertorio es el clásico: granizados (limón, café o cebada), helados (a destacar los de nata trufada, ron con pasas y fresa, y menta con chocolate), leche merengada y, por supuesto, horchata. Todo delicioso, artesanal y fabricado en la propia tienda.

El Tío Ché, Juan Iborra, llegó a Barcelona desde Alicante con la idea de embarcarse hacia las Américas y, en el ínterin, decidió elaborar horchata con chufas de su pueblo y venderla por la calle. El negocio fue tan exitoso que se quedó, primero en la Barceloneta y luego en Poblenou. De eso hace ya casi 90 años, y ahora es la cuarta generación de Juan Iborra quien regenta este establecimiento.

Confidencial

Desde hace dos años, también fabrican y venden turrones, los de chocolate trufado con avellanas, los de almendra y los de licor, son las estrellas de la casa. En verano, la tienda abre directamente hacia el exterior, montándose un alboroto en la calle y alrededor de las mesas de la terraza, que en horas punta se ponen absolutamente imposibles.

Els Tres Tombs

Terraza potente

Ronda Sant Antoni, 2 (esquina Riera Alta, frente al Mercat de Sant Antoni)
08001 Barcelona
Tels. 93 443 41 11 - 93 442 29 98
Párking en Urgell/Tamarit

Una terraza impresionante, enorme y a pleno sol, para contemplar todo el trasiego que rodea al Mercat de Sant Antoni, uno de los mercados más bonitos y animados que hay en la ciudad. Els Tres Tombs es un bar estratégico, de horario extenso y de mucha vida alrededor, el ambiente que se respira es el más cotidiano, popular y del barrio, con muchos carajillos, barrechas, quintos y una mezcla bulliciosa de clientela que se incia ya de buena mañana cuando a las 6h. unos van a trabajar y otros rematan la noche. En el interior, una barra absolutamente descomunal que anuncia el buen tapeo: xocos, bravas, pulpo, boquerones, anchoas, chipirones, sepia, calamares o berberechos... hay cerca de 150 especialidades en donde elegir. Además, espléndidos bocatas, platos combinados y un menú de cocina casera al mediodía que también se puede tomar al sol.

Enfrente, otro local legendario, Amigó (Tamarit, 181), sin sol, pero con el mismo ambiente y almejas gigantes procedentes de Galicia.

Horario: de 6 a 2h.
Horario menú mediodía: 13 a 17h.
Precios: café, 115 ptas.
Café con leche, 135 ptas.
Refrescos y cervezas, 175 ptas.
Coñac y carajillo, 175 ptas.
Precio medio tapa, 350 ptas.
Precio menú mediodía: 900 ptas.
Días festivos: 1.350 ptas.

Confidencial

La de Els Tres Tombs es una de las mejores terrazas de Barcelona. Las mañanas del domingo, coincidiendo con los tenderetes de libros usados, revistas y cromos viejos que se instalan en los soportales del Mercat de Sant Antoni, la zona se pone literalmente a rebentar, familias enteras, pandillas de jóvenes y transeúntes de todo tipo, se disputan las mesas a la hora del aperitivo.

Rambla de les Flors, 83
(junto al Mercat de la Boqueria,
esquina c/ Petxina)
08002 Barcelona
Tel. 93 301 60 27
Párking en La Rambla o en
Pl. de la Gardunya

Escribà

La bombonera

Horario: de 8.30 a 21h.
Precios: café, 150 ptas.
Té, entre 225 y 275 ptas.
Chocolate, 375 ptas.
Suizo, 400 ptas.
Croissant de mantequilla,
160 ptas. Pasteles y
tartaletas individuales,
entre 350 y 450 ptas.

Buen café, buen té y, sobre todo, buen chocolate y tentadores pasteles para degustar o llevar. Son la especialidad de la casa y de una familia unida por una misma pasión: la pastelería. Antonio Escribà es el capo, Jocelynne, su mujer, le da ese toque francés, Christian, Juan y Jordi, los hijos, trabajan en el obrador, y Eva, la nuera, es el alma de este pequeño y encantador rincón de La Rambla en donde podrá deleitarse con los golosos inventos a un ritmo suave y dulzón. Bombones variados, músicos, chocolate con pistachos, hojas de menta natural con chocolate, búlgaros de chocolate negro y blanco con naranja, y chocolate a la taza para beber. Además, vino y champagne a copas y pequeños canapés, montaditos, rollos de salmón o crepes de gambas.

El local, un antiguo colmado, es ahora una coquetona bombonera de estilo modernista auténtico que encandila a los turistas y tiene sus clientes fijos, asiduos y del barrio, un público tranquilo que valora su aire retro y reposado y saborea la calidad del producto.

Confidencial

En verano la casa abre una pequeña terracita en la calle Petxina, sólo 6 mesas, frente al Mercat de la Boqueria absolutamente solicitadas. El establecimiento originario de la familia Escribà está en Gran Via, 546, un local grande y con mucho movimiento en donde también existe una zona de degustación.

Espai Barroc

Las mil y una noches

Montcada, 20
(entre Pg. del Born y c/ Princesa)
08003 Barcelona
Tel. 93 310 06 73
Zona peatonal. Párking Via Laietana esquina Princesa

Ubicado en los bajos del Palau Dalmases, el Espai Barroc fue pensado para impactar al personal a través de la excitación de los sentidos y un derroche de suntuosidad. Su intención es, dicen, aunar todas las artes: arquitectura, pintura, escultura y música clásica, y lo cierto es que en esta gran nave de piedra bajo bóveda estrellada del siglo XVII, hay de todo. Flores, frutas, plantas, cuadros, tapices, candelabros, muebles de época y sofás pompeyanos. No cabe nada más. Una luz misteriosa, un fuerte olor a frutas e incienso y la música barroca son los componentes esenciales de esta especial atmósfera que nos transportará de golpe a otro siglo, sorprendiéndonos e invitándonos a entrar; hágalo, no se arrepentirá.

El local, además de este insólito espectáculo, ofrece una carta con una selección de batidos de frutas naturales de la temporada, copas de cava y, todos los jueves a partir de las 23h., veladas operísticas en vivo y en directo con los fragmentos más conocidos de Händel, Purcell, Mozart, Rossini o Puccini.

Horario: de 20 a 2h.
Domingo, de 18 a 22h.
Cerrado: lunes
Precio medio copa o zumo, 1.200 ptas.
Jueves, veladas operísticas: espectáculo + consumición, 2.500 ptas.

Confidencial

En primavera y en verano se colocan también mesas en el patio, frente a la imponente escalinata barroca del palacio. El espacio puede alquilarse para eventos y presentaciones especiales.

Fritz Mar

Amaneceres locos

Pg. Marítim Barceloneta, 34, local 6
(en el Port Olímpic)
08005 Barcelona
Tel. 93 221 77 65
Párking Hotel Arts,
con salida en la zona

Horario invierno: de 10 a 18h.
Viernes y sábados,
de 10 a 18h. y de 24 a 5h.
Horario verano: de 10 a 5h.
Cerrado: lunes
Precios día: refresco, 200 ptas.
Cervezas, 250 ptas.
Menú mediodía: 1.500 pts.
Precios noche:
refresco, 400 ptas.
Cerveza, 500 ptas.
Copa, entre 800 y 1.000 ptas.
Precio medio cena:
2.000-2.500 ptas.

Una terraza *non-stop* a pie de playa. Pertenece al Club Natació Catalunya, pero está abierta a todo tipo de público. Por las mañanas es una cafetería absolutamente normal, desayunos, aperitivos, tapas, pequeña carta con ensaladas o pizzas y un menú para los mediodías de verano que resulta práctico y asequible, sobre todo teniendo en cuenta que el local dispone también de guardarropía y duchas para los bañistas, un servicio que en principio está pensado para los socios del club, pero que también se facilita a los no-socios previo pago de, simplemente, 300 ptas.

Las noches del Fritz son muy distintas: canallas, trangresoras y largas, porque lo cierto es que el local abre a las 0h., cuando otros ya empiezan a recoger sus mesas, y a partir de la 1.30h. este bar musical inicia sesiones estrella con *dj's* invitados y conocidos, house, funky y drum & bass, que a veces culminan con memorables saraos, fiestas temáticas y amaneceres en la playa que convocan a un público predominantemente gay, además de camareros y relaciones públicas de otros locales dispuestos a no perderse una juerga que suele ser pacífica y sin problemas.

Confidencial

Sin llegar a ser un auténtico *afterhours*, ni tampoco una discoteca, el Fritz es uno de los locales que tiene el horario más extenso, con buen ambiente (nada que ver con la ruta del bacalao) y que reúne a trasnochadores profesionales a la salida de los otros locales. Las noches de verano, cenas tranquilas en su terraza, con servicio de restaurante convencional y carta corta mediterránea.

Fussina

El último del Born

Fusina, 6 (entre c/ del Comerç
y Pg. de Picasso)
08003 Barcelona
Tel. 93 310 06 67
Párking: Pg. Picasso

Es el último bar del Born, el Penúltimo acaba de cerrar (de momento temporalmente y por orden muncipal). El Fussina no. Ni ruidoso ni molesto, simplemente un bar de barrio, fresco y cambiante, apto para todas las edades y todos los públicos, con una decidida preferencia por los grupos artísticos, musicales y de teatro, que suelen ensayar entre semana en el sótano del local.

Algo desangelado y frío a primeras horas de la tarde, va tomando calor cuando llega la noche y su barra se llena de insólitos bocatas: salmón con romesco, fricandó, lomo al Oporto, brie con pimiento, foie con jamón ibérico... y así toda una carta de combinaciones inimaginables con pan. Por las noches, copas, fiestas y lleno a morir.

Horario: de 18.30 a 2.30h.
Precios: café, 200 ptas.
Cerveza, 300 ptas.
Cubata, 600 ptas.
Bocatas, de 350 a 800 ptas.

Confidencial

Los martes, espectáculo de música, teatro y trapecio, un show con acordeonista, violín marroquí y percusionista, que está haciendo furor entre la concurrencia.

Santaló, 46 (muy cerca del Mercat Galvany)
08021 Barcelona
Tel. 93 201 53 06
Párking en las calles Calvet y Muntaner

Gimlet

Botellería selecta

Horario: de 18.30 a 2.30h.
Viernes y sábados hasta las 3h.
Precios: cerveza, 500 ptas.
Combinado, 800 ptas.

El cóctel preferido del detective Philippe Marlow (2/3 de Gordon's y 1/3 de zumo de lima Rose's) dio nombre a este local que nació a finales de los setenta en el barrio de la Ribera y se extendió luego hacia la parte alta de la ciudad con idéntica fórmula y el mismo equipo que había triunfado en la casa madre. Un nuevo bar americano estilo años cuarenta, esta vez más amplio, sin visillos y abierto hacia la calle, pero con la misma estética racionalista y también con coctelería clásica en su carta de bebidas.

La oferta actual incluye buenas copas, gente guapa, iluminación tibia y música suficientemente controlada como para no ahogar la conversación. Además, y para los hambrientos a deshora, se ofrece aquí una carta de tapas diversas. El Gimlet cuenta para ello con el apoyo de la cocina de Casa Fernández, son vecinos y pertenecen a la misma escudería, la de Javier de las Muelas, quien pone su sello y su garantía personal.

Confidencial

Una decoración elegante y sobria con sabor años cincuenta –paredes de mármol, mesitas de madera y asientos de sky– presidida por una barra estilizada y lacada en negro. El público, ejecutivos en alza, de treinta y tantos o más, suele reunirse a la entrada, un espacio amplio y cómodo. En verano la terraza del Gimlet es un lugar ideal para ver y ser visto entre los habituales de la parte alta de la ciudad.

Gimlet

¡Salud!

Rec, 24 (entre Pg. del Born
y c/ Princesa)
08003 Barcelona
Tel. 93 310 10 27
Párking en el Born

Nació a finales de los setenta gracias a la ilusión y al empuje de un equipo de jóvenes perfeccionistas que oficiaban detrás de la barra perfectamente uniformados y con gran sentido de la profesionalidad. Ellos fueron pioneros en defender los buenos ingredientes en la elaboración de las copas (nada de garrafa), investigaron las fórmulas clásicas y se inventaron todo un código de pequeños detalles en las maneras y en las formas que creó escuela y dignificó la profesión.

El Gimlet, que se ha mantenido fiel a su línea y a su espacio durante 20 años, es un clásico de una época y de un barrio. Pequeño y racional, se creó como homenaje a las coctelerías americanas de los años treinta y cuarenta: cortinillas en la puerta, paredes desnudas, luz melancólica, música de jazz y gran barra de madera que envejece con una cierta nobleza. Y como siempre, una oferta rigurosamente elaborada que abarca toda la gama de la coctelería clásica internacional. Usted sugiera, ¿seco?, ¿dulce?, ¿algo con wodka?, ellos le aconsejarán, son profesionales.

Horario: de 20 a 3h. madrugada
Cerrado: domingos
Precio copa: sobre las 700 ptas.

Confidencial

Hoy el Gimlet, Juan Ramón Falces siempre al frente, es una especie de club que ha apostado por la calidad frente a la cantidad. Una de las mejores barras de la ciudad en cuanto a la calidad humana de su clientela, minoritaria, más bien madura y de un gran nivel.

Pl. Reial, 3 (entre La Rambla
y c/ Ferran)
08002 Barcelona
Tel. 93 302 11 63
Zona peatonal.
Párking en La Rambla

Glaciar

Escaparate urbano

Horario: de 16 a 2.30h.
Domingos: de 8 a 14.15h.
Precios: café, 175 ptas.
Cerveza, caña, 250 ptas.,
jarra, 450 ptas.
Cervezas importación,
de 400 a 600 ptas.
Whisky, 600 ptas.
Cubata, 625 ptas.

Sería una lástima que alguien estuviera en Barcelona y se fuera sin tomarse una cervecita en el Glaciar. La mejor hora es hacia las 19.30h., cuando la última luz del día se funde con la de las farolas diseñadas por Gaudí, y la plaza se tiñe de un color rosado. A esa hora mágica del «capvespre» las terrazas empiezan a animarse pero sin alcanzar todavía el frenético ritmo de la noche, y resulta fácil conseguir una mesa bajo las arcadas, con vistas a la fuente, para disfrutar del magnífico espectáculo de la plaza más conseguida, cosmopolita y dicharachera de la ciudad.

El Glaciar tiene entre sus muchos méritos el de ser uno de los primeros cafés que se instaló en La Rambla, y el haber conseguido pasar por varias manos y varias reformas con cierta dignidad. En el trasiego perdió su altillo, la entrada de La Rambla y las pinturas de Grau Sala que adornaban la pared, pero conservó el espíritu, rancio y legendario, y lo cierto es que con su situación, no necesita nada más. Se llena a todas horas de un público diverso, muchos extranjeros y estudiantes, y los viernes y sábados, a partir de las 23.30h., el interior del Glaciar se convierte en un bar de copas exitoso y agitado en donde la media de edad no supera los treinta.

Confidencial

Los domingos, hay mercado de filatelia en la plaza, y el Glaciar, que abre entonces también por la mañana, tiene un ambiente distinto, más pausado y tranquilo, pero igualmente seductor.
La casa dispone de una extensa carta de hasta 46 marcas de cervezas de importación.

Granja de Gavá

A media luz

Joaquín Costa, 37 (en el Raval,
entre c/ Ferlandina y c/ Paloma)
08001 Barcelona
Tel. 93 317 58 83
Párking: es fácil aparcar en la calle

Pequeño, cálido, con buen ambiente y una música excepcional, clásica, bien elegida y a volumen suficiente como para impregnar todo el local. Este lugar es especial. Nació hace ya 10 años en lo que fue una antigua lechería, un espacio catalogado como patrimonio artístico del que se recuperó el mosaico y la pared de piedra original. De lechería se reconvirtió en granja, pero, eso sí, una granja atípica, repleta de velas, flores, plantas, una gorda inmensa de yeso sobre la barra, y amenizada con recitales de poesía, actuaciones musicales en vivo, exposiciones de cuadros y actividades culturales varias.

Los estudiantes de la cercana universidad son sus más fieles clientes y para ellos son los zumos naturales, los batidos de frutas, las completas ensaladas, las excepcionales crepes, dulces y saladas, que prepara la casa y las copas de la noche. Para los habituales del barrio hay, además, huevos, leche fresca, pan y otros productos de primera necesidad y típicos de granja.

Horario: de lunes a jueves,
de 8 a 1h.
Viernes, de 8 a 3h.
Sábados, de 8.30 a 14h.
y de 20 a 3h.
Domingos, de 20 a 1h.
Precios: desayuno sencillo
(café con leche y pasta), 225 ptas.
Zumos naturales, entre 400
y 500 ptas. Batidos de frutas,
500 ptas.
Crepes, entre 375 y 975 ptas.

Confidencial

La antigua lechería perteneció a la familia de Ana Mª y Terenci Moix, y aquí, en el altillo, vivieron ambos escritores durante su infancia, una efemérides de la que los actuales propietarios, Carlos Julio Leoni y Montserrat Sanchis, se sienten orgullosos.

Xuclà, 4-6 (entre c/ del Carme
y c/ Pintor Fortuny)
08001 Barcelona
Tel. 93 318 34 86
Zona peatonal.
Párking: Pl. de la Gardunya

Granja M. Viader

Placeres furtivos

Horario: de 9 a 13.45h.
y de 17 a 20.45h.
Cerrado: domingos todo el día y
lunes por la mañana
Precios: café con leche, 150 ptas.
Pasta, 160 ptas. Suizo, 415 ptas.
Mel i mató, 450 ptas.
Crema catalana, 415 ptas.
Plato de nata, 375 ptas.
Desayunos: simple (café con
leche + pasta), 230 ptas.
Chocolate + pasta, 290 ptas.
Café con leche o zumo
+ bocadillo, 425 ptas.

Confidencial

Desayunos y meriendas clásicas. Por las mañanas, los sibaritas clientes suelen ser funcionarios del Ayuntamiento o mujeres que van al Mercat de la Boqueria. Las tardes, de 17 a 19h., son grupos de señoras o matrimonios maduros los que se olvidan del régimen para zamparse un humeante suizo con melindros, y a partir de esa hora el local se llena de juventud igualmente glotona y transgresora.

Es la granja más antigua de la ciudad, abrió como lechería en el año 1904 y, desde entonces con la familia Viader al frente, desafía el paso del tiempo con absoluta dignidad. Su historia es larga, repleta de anécdotas e innovadores hallazgos lácteos: aquí se embotelló leche esterilizada por primera vez en España, aquí se sirvió el primer Cacaolat del país, y de esta lechería surgieron productos tan novedosos como el yogur, la leche condensada, la nata montada o el mató, que se distribuían de forma ambulante en puntos estratégicos de la ciudad. Hoy sigue endulzando la vida a quienes recalan en el establecimiento.

Huele a leche, a merienda antigua y familiar, como debe ser. Una granja de las de antes, con sus mesas de mármol y esos camareros con pajarita y chaquetilla que trajinan bandejas suculentas, chocolate con nata y ensaimadas calientes, mel i mató, flan, mousse de chocolate, cuajada, crema catalana, café con helado de nata... no hay nada *light*, todo es completo, nutritivo, hecho en la casa y delicioso.

Los productos, de elaboración propia, están a la venta y además hay leche fresca, quesos, yogures artesanos y otros productos lácteos.

Guardarropía

El café de la moda

Passeig de Gràcia, 63 (entre Mallorca y València. Entrada por la boutique Marella)
08008 Barcelona
Tel. 93 487 87 57
Párking subterráneo en el Passeig de Gràcia

Cinco revistas clave de la moda española, *Elle, Marie Claire, Telva, Vogue, Woman*, y el grupo Max Mara son los responsables de este espacio ambiguo, elitista y singular, semioculto en un patio del Eixample. El Guardarropía es una biblioteca-cafetería minimalista, de tonos crema y abierta a un jardín antiguo de paseo impecablemente diseñado, con parterres, arbustos, bancos y dos emblemáticas palmeras.

El lugar está dedicado íntegramente al mundo de la moda y se ha convertido en un centro de consulta, tranquilo y discreto, con todas las revistas de moda, publicaciones profesionales y libros especializados al alcance, incluyendo un canal temático de televisión sobre estilo y tendencias.

Hay mesitas, dentro y fuera, pequeña barra y un encargado amabilísimo que, además de ser experto en moda, sirve cafés, desayunos, tés con pastas y hasta una copa de cava a todos los usuarios que quieran disfrutar de tan generoso espacio, en su mayoría, estilistas, jóvenes diseñadores, periodistas, fotógrafos y *fashion victims*, gente del ramo.

Horario: de 12.30 a 20.30h.
Cerrado: lunes y domingo
Precios: café, 175 ptas.
Café con leche, 250 ptas.
Desayuno simple, 450 ptas.
Refresco, 275 ptas.
Pastas variadas, 200 ptas.

Confidencial

Al Guardarropía se accede únicamente a través de la boutique Marella, lo que lo convierte en un lugar casi secreto, un *privée*. Pero no tema, la filosofía del local se abre a cualquier tipo de público. Muy aconsejable para citas clandestinas o que se van a hacer esperar (hay revistas y libros para ojear), pero sobre todo, para disfrutar de un momento de calma y sosiego en pleno bullicio de la ciudad.

Comtessa de Sobradiel, 8 (Casc Antic. Entre Escudellers y Avinyó, debajo de la Pl. Sant Jaume)
08002 Barcelona
Tel. 93 310 07 55
Párking en c/ Ample cerca c/ Avinyó

Harlem

Jazz Club

Horario: de 20 a 4h. Viernes y sábado hasta las 5h.
Cerrado: lunes
Vacaciones: una semana en agosto
Precios: cervezas y refrescos, 475 ptas.
Combinados, 875 ptas.
Viernes y sábados, entrada + consumición: 650 ptas.

Hace ya 12 años que Sonia y Daniel, ella croata y él argentino, aterrizaron por Barcelona con la idea de montar un restaurante en Sant Andreu, en el camino se toparon con este local en Ciutat Vella, cambiaron los planes y decidieron abrir aquí un bar de copas con entrada libre en donde fuera posible disfrutar de jazz en directo: el primer club de jazz de la ciudad. Hoy es un mito, un lugar de referencia para quienes aprecian la música en vivo, aunque ya no es sólo jazz lo que se escucha. La programación del Harlem –elegida con inteligente variedad de criterio, diaria y editada mensualmente– va desde el rock hasta el tango, flamenco fusión, blues, música celta, brasileira y, por supuesto, jazz.

Un público informal, heterogéneo, participativo, estable y que sabe muy bien a lo que va, de varias edades y varias procedencias, unidos por la afición a este tipo de música.

Un local de medianas dimensiones, con barra, unas pocas mesitas y pequeño escenario. La calidez, hay mucha, la pone la música, y el entusiasmo del público hace lo demás.

Confidencial

Entre semana se suelen programar conciertos tranquilos. Los viernes y sábados, grupos de lujo, más animados, que incluso hacen bailar al público. Los sábados, a las 21h., se ha iniciado recientemente una programación de cuentacuentos: mitos, historias del mundo animal, cuentos sufíes o de Japón y leyendas, contadas por actores y aficionados. Entrada: 500 ptas.

Hivernacle

Meriendas en el parque

Passeig Picasso, s/n (junto al Parc de la Ciutadella)
08003 Barcelona
Tel. 93 295 40 17
Párking en el Arco de Triunfo

Emplazado en pleno Parc de la Ciutadella, en una construcción de cristal y hierro, rodeado de plantas exóticas, el Hivernacle es un lugar encantador, un buen marco para desayunar sin prisas y en buena compañía, hacer un *break* de media tarde con tertulia o tomar copas amenizadas con esporádicos conciertos de jazz y música clásica a partir de las 22.30h. Mucho mejor que el interior es, sin embargo, su terraza central con cúpula de cristal que sólo se habilita en días especiales, generalmente los domingos y las noches de verano, cuando el edificio iluminado alcanza todo su esplendor.

Además, y esto es una primicia, el espacio estrena nueva y buena oferta gastronómica a precio razonable. Sergi Castells, acreditado chef con escuela, es el resposable de esta transformación y, dentro de las limitaciones del espacio, su cocina es elaborada y de sentimiento, ahí está su mérito. Chop suey de verduras, fricandó, filete en costra o pie de cerdo relleno. Hay también menú especial para niños.

Horario: de 10 a 1h. madrugada.
Domingos, hasta las 16h.
Horario cocina: el mismo que el de la cafetería
Precios: café, 175 ptas.
Café con leche, 200 ptas.
Desayuno simple, 350 ptas.
Refresco, 275 ptas.
Precio medio comida: entre 2.500 y 3.500 ptas.

Confidencial

El espacio se alquila, sólo o con servicio de cátering al completo, para presentaciones, conferencias, fiestas, banquetes de empresa, bodas. Existen diversas opciones de menús y precios para la organización de desayunos, cóctels, bufetes o cenas.

Hotel NH Calderón

Sala de juntas

Rambla de Catalunya, 26
(entre Diputació y Gran Via)
08007 Barcelona
Tel. 93 301 00 00
Párking en c/ Diputació

Horario bar: de 8 a 24h.
Horario bufet desayuno: de 7 a 11.30h.
Precios: café, 250 ptas. Bollería variada, 150 ptas.
Refresco, 400 ptas.
Sándwich, 600 ptas.
Copa de vino o cava, entre 400 y 500 ptas.
Bufet desayuno: 2.300 ptas.

En el entresuelo del Hotel Calderón, de aspecto totalmente funcional y sin lujos supérfluos, pero amplio, cómodo, bien insonorizado y con la posibilidad de encontrar siempre un rincón tranquilo donde instalarse. Un bar de hotel totalmente abierto al público de la calle. Banqueros de la zona, empresarios, empresarias, ejecutivos en tránsito. Todos con papeles, agendas e informes en las mesas... lo que aquí se respira es un ambiente de trabajo.

Un café, un refresco o una copa, siempre con algún detalle para picar regalo de la casa, y además, todo tipo de diarios, incluidos los de negocios, para entretener la espera de una cita retrasada. Y, de 7 a 11h., en la sala adjunta, un bufet de desayuno de cine, de esos con los que agasajar a cualquier cliente importante. Metros y metros con bollería, pasteles, frutas tropicales, productos lácteos, zumos, rincón dietético y huevos, tortillas, chistorra o beicon cocinados al momento. Todo a go-gó, bien hecho, bien presentado, bien servido y con la marca de profesionalidad que caracteriza a esta cadena hotelera.

Confidencial

Este establecimiento rompe con la tradicional resistencia de los barceloneses a utilizar las instalaciones hoteleras. Un bar alejado del bullicio de la entrada, con un servicio eficaz y dispuesto, podrían ser el secreto. Durante todo el día y hasta la medianoche, se sirven también en el bar sándwiches y buenas pastas. Un sólo inconveniente, el precio.

Hotel Ritz

Cinco estrellas gran lujo

Gran Via Corts Catalanes, 668
(esquina Roger de Llúria)
08010 Barcelona
Tel. 93 318 52 00
Párking: Saba, en Roger de Llúria,
con salida al interior del hotel

Todo un mito, un establecimiento irrepetible y majestuoso cuya entrada ya impone traspasar. No lo dude, dése el gustazo y será bien recibido, el Hotel Ritz desea abrirse a la ciudad. Un mundo de lujo, elegante, solemne e internacional, se respira en este Hall de grandes espejos, moquetas mullidas, lámparas de cristal y butacones tapizados, en donde atentísimos camareros con faldón blanco y pajarita desplegarán una impecable *mise en escene* para ofrecerle el servicio de té más caro y completo (todo hay que decirlo) que pueda degustarse hoy en la ciudad: sándwiches, bollos, pasteles, tartas, bombones... y por si esto fuera poco, un pianista le pone también música. ¿Qué más se puede pedir para una sola tarde?

De los desayunos del Ritz más de lo mismo, cualquier elogio resulta pequeño para describir este frenesí gastronómico que el hotel instala en su invernadero-jardín. Un escenario perfecto, con manteles de hilo, cubiertos de plata y manjares infinitos para servirse y repetir a placer: desde ahumados a ibéricos, pastelería, bollería, frutas y zumos naturales, panes variados, quesos, apartado dietético e incluso japonés. El horario del desayuno acaba a las 11h., pero uno puede permanecer tranquilamente aquí hasta mucho más tarde.

Horario desayuno: de 7 a 11h.
Horario bar (Hall): de 9 a 24h.
Horario Scotch bar: de 18 a 2h.
Precios: bufet desayuno,
2.700 ptas. + IVA.
Té completo, 1.950 ptas.
Café, 475 ptas.
Café con leche, 475 ptas.
Refresco, 600 ptas.
Cerveza, 650 ptas.
Sándwich, 1.450 ptas.
Cóctel, 1.200 ptas.
Whisky, a partir de 1.350 ptas.

Confidencial

En el piso inferior, el hotel dispone de un bar inglés confortable e íntimo en donde hasta las 2h. de la madrugada se pueden pedir excelentes cócteles. Ángel, buen profesional, está tras la barra (el domingo es su día de fiesta). También cafés, sándwiches y otros caprichos.

Aribau, 89 (esquina Mallorca)
08036 Barcelona
Tel. 93 453 10 28
Párking en Aribau,
entre València y Mallorca

Ideal

Lujo clásico

Horario: de 12.30 a 2.30h. madrugada
Cerrado: domingo
Precios cócteles y bebidas largas, desde 800 ptas.
No se admiten tarjetas de crédito

Una decoración estilo club inglés, elegante y confortable, con chimenea, boisserie, tapicería de terciopelo granate, servicio de lujo y botellería de élite, para tomar una copa tranquila a la hora del aperitivo en la barra o cómodamente sentado en una de las dos salitas a última hora de la tarde y charlar sin prisas hasta la madrugada. El Ideal es un oasis en donde suelen repostar clientes asiduos, todos a partir de treinta y tantos, profesionales con pedigrí, gente con clase y ganas de beber, poco, pero lo mejor y lo más caro.

Especialista en coctelería clásica internacional, en el Ideal hay siempre lo último y lo más sofisticado, 80 marcas de wiskys de malta, 45 de ron, una pasada de aguardientes, buena selección de vinos, cava y champagne a copas, o cócteles sin alcohol... el barman aconseja, sugiere una bebida adecuada para cada cliente y para cada momento. Canapés y pinchos a la hora del aperitivo en la barra, y martes y jueves al mediodía, la casa invita a una tapa de cocina caliente a todos sus clientes. Hay cava de puros.

Confidencial

José Mª Gotarda, uno de los mejores y más prestigiosos barmans que ha habido en el país creó esta coctelería hacia mitad de los años cincuenta, transformando así el bar de esquina que inauguraron sus abuelos en 1931. Ahora es su hijo José Mª quien, tras formarse en las mejores barras del mundo, ha tomado la alternativa del negocio y lo cuida con profesionalidad y cariño.

Il Panetto

Esto es Italia

Plaça Ramon Berenguer el Gran, local 2 (c/ Tapineria, entre Pça. Ramon Berenguer y la Catedral)
08002 Barcelona
Zona peatonal. Párking en la Catedral

Una panicoteca al más puro estilo italiano cuya visita resulta siempre agradable. Bocadillos alternativos y divinos confeccionados con pan de chapata, embutidos italianos de alta calidad, hierbas y otros productos naturales. La carta sugiere 30 variedades distintas, todas insólitas, calientes y crujientes: el de mortadela, brie y rúcula, el de queso gorgonzola con jamón serrano y vodka, el de ternera con salsa de atún, el de panceta con romero y parmesano, el vegetariano, de calabacín con berenjena, pimiento y ajo rayado, o el panini de melón con jamón, un invento veraniego que triunfó la temporada pasada.

El local, pequeño, se abre hacia una calle escondida y peatonal. No hay mesas, pero si el tiempo acompaña, los clientes pueden tomar asiento en la barandilla de la antigua muralla de la ciudad que está justo enfrente, la casa prepara el pic-nic en coquetonas cestitas y, en el mismo lote, facilita también un cojín para protegerse de la humedad. El ambiente está asegurado.

Horario: de 8 a 22h.
Precios: café, 130 ptas.
Café con leche, 150 ptas.
Refresco, 175 ptas.
Zumos naturales, entre 250 y 275 ptas.
Bocadillos, entre 400 y 500 ptas.
Mini-bocadillos, entre 150 y 200 ptas.
Platos del día, entre 400 y 500 ptas.

Confidencial

Además de los paninis y para que el pic-nic resulte más completo, se puede optar también por un tazón de sopa caliente en invierno, o de crema fría en verano, quiches y tartas dulces como postre. Cada mediodía, diversas sugerencias de platos del día, todos caseros y con sabor italiano. El café, buenísimo, es también de allí.

Maremágnum, planta 2ª, local 202a
(en el Moll d'Espanya)
08039 Barcelona
Tel. 93 225 81 87
Párking debajo

Irish Winds

Con acento irlandés

Horario: de 13 a 4.30h.
Precios refresco, 300 ptas.
1/2 pinta cerveza, 300 ptas.
1 pinta cerveza, 600 ptas.
Whisky irlandés, de 500 a 600 ptas. Combinado, de 700 a 800 ptas.

Dejas el coche en el párking y un mundo entero dedicado al ocio con millones de visitantes incluidos se te tira encima. No hay que perder la calma, es Maremágnum, un festival lúdico-comercial al estilo americano, de entrada gratuita y ambiente garantizado a ritmo *non-stop* los 365 días del año. Terrazas, cines, minigolf, discotecas, bares musicales, restaurantes, comercios y (lo mejor) espacios abiertos para escapar del bullicio y contemplar el mar.

En el segundo piso, por ejemplo, Irish Winds, un típico pub irlandés de aire marinero en el más puro estilo de los de Galway, con mucha madera, pequeño escenario, Guinness de barril, auténtica música irlandesa, buen humor, buen ambiente, diversión y una cálida acogida por parte del personal. La lengua irlandesa tiene en su idioma una palabra que resume todos estos elementos, *craic* (se pronuncia «crac»).

A las 23h. empieza aquí a diario el espectáculo (los domingos a las 20.30h.), música en vivo con conjuntos irlandeses, bromas, chistes en el escenario y cervezas en la barra.

Confidencial

Cuatro tipos de cerveza entre los que, por supuesto, está Guinness, la bebida nacional de Irlanda famosa por su cuerpo negro y suave y su espuma blanca y cremosa, servida con arte, lentamente y en dos tiempos según dictan las normas de este antiguo ritual. Además, whisky irlandés (Jameson), combinados, copas y frutos secos para picar.

Jazz Si

Taller de músics

Requesens, 2
(cerca Rda. Sant Antoni, entre
Riera Alta y Sant Antoni Abat)
08001 Barcelona
Tel. 93 329 00 02
Párking en Riera Alta

Un bareto de barrio, destartalado y amplio, en donde por las tardes y a diario se ofrecen conciertos de calidad, de diversos estilos y en directo. Los lunes, música improvisada. Los martes, pop rock. Los miércoles, jazz. Los jueves, Descarga Cubana. Los viernes, flamenco. Y los sábados y domingos, unas multitudinarias Jam Sessions de Rock, con copas y gente joven y entusiasta como público, la mayoría son también músicos.

La acción empieza de buena mañana con desayunos y bocatas, continúa con los aperitivos, y al mediodía se sirve aquí un menú bueno, barato y casero que convence a sus clientes. Por las tardes, el local aparta las mesas y se transforma en el Jazz Si Club, o lo que es lo mismo, el banco de pruebas del Taller de Músics, la prestigiosa escuela de música que está justo enfrente. Joaquín Marín, el cocinero, es el alma de este invento y a la vez promotor y presentador de los grupos. El público distribuido entre la barra, la sala y un privilegiado palco situado en el altillo y con vistas a la calle, participa, aplaude con ganas, habla o baila si quiere y, entre tanto, consume cafés, copas, tapas y bocadillos.

Horario: de 9 a 24h.
Horario menú mediodía:
de 13 a 17h.
Horario actuaciones: de 20 a 22h.
(consultar programación)
Precios: café, 110 ptas. Café con leche, 150 ptas. Pastas, 100 ptas.
Refrescos y cervezas, 175 ptas.
Bocadillos, 275 a 300 ptas.
Precio menú mediodía, 975 ptas.
Precio copa + espectáculo:
1ª consumición, 600 ptas.
Otras consumiciones, 300 ptas.
Precio whisky + espectáculo:
1ª consumición, 900 ptas.
Otras, 600 ptas.

Confidencial

Los domingos por la tarde el Jazz Si Club se llena hasta el techo de chupas de cuero, rockeros y muchas fans. Es su día estelar. En la misma calle, compartiendo *feeling* y parroquia, El 3, un local más pequeño y luz rojiza, plagado de cosas inútiles, viejos recuerdos y también, cómo no, de músicos.

Ample, 3 (junto a la
Pl. Duc de Medinaceli)
08002 Barcelona
Tel. 93 302 79 90
Hay dos párkings
en la misma calle

Joy

Mucho amor en el mínimo espacio

Horario: de 8.30 a 16h.
Cerrado: domingos
Precios: zumo o combinado, 300 ptas. Desayuno completo: 400 ptas.
Precio menú: 800 ptas.

Minúsculo, alternativo, naïf y absolutamente inclasificable. El Joy es casa de Rupa, un personaje medio místico y acogedor que, tras un *stage* de 9 años en la India, ha decidido que prefiere llegar al corazón de sus «discípulos» a través del estómago. No teman, nada de sectas ni de espiritualidad. Rupa es divertida, incluso escéptica, y lo mejor que tiene lo pone en esos platos que ella sola se inventa, elabora y sirve sobre la marcha. Ni macrobiótica ni vegetariana estricta, su especialidad es la cocina casera ovolacteovegetariana, sencillamente sana.

No hay bebidas embotelladas, no hay carta, ella lo hace todo de forma espontánea, atendiendo siempre los gustos y el estado de ánimo del cliente, un previo cambio de impresiones es indispensable para acertar. Zumos de frutas naturales con un pequeño toque de guaraná o ginsenc, batidos de yogur, ensaladas de fruta con polen y miel, bocadillos vegetarianos elaborados con un pan integral especial y buenísimo. Los menús del mediodía son totalmente imprevisibles, pero si no apetece, ningún problema, por el mismo precio Rupa monta otro a la medida y al instante.

Confidencial

Decir que el local es pequeño no es suficientemente ilustrativo, es la mínima expresión de local, el más pequeño de la ciudad, sólo 5 o 6 plazas repartidas en dos minúsculas barras. Los clientes, la mayoría mujeres, esperan en la calle o, si lo prefieren, se llevan la comida a casa. Rupa elabora menús para cátering, organiza cenas, fiestas, *chill out* y, además, vende pañuelos, collares y otras chucherías genuinamente indús.

Júpiter

Un bareto con alma

Jupi, 4 (en el Casc Antic, cerca de la Central de Correos, entre c/ del Sots y Correu Vell)
08002 Barcelona
Tel. 630 77 90 85
Párking: Via Laietana

Pequeñito y sin barra. Sólo un salón con diversos ambientes, sofás, silloncitos, sillas, mesas y candelabros, diversos estilos, terciopelos, skys y tapicerías varias. Todo reciclado directamente del container y montado a pleno pulmón, con pocos medios y mucho amor. Fabio y Ricardo, una entrañable pareja de argentinos afincados los dos desde hace ya algunos años en la ciudad, son los ideólogos, decoradores, cocineros, lavaplatos y también quienes reciben, con sombrero, delantal y mil delicadezas, en ésta, su casa del Casc Antic.

Tés e infusiones elaboradas por ellos mismos. Bocadillos de pan artesanal, ensaladas imaginativas, tartas, dulce de leche y pequeña carta de platos calientes y caseritos, cocinados con dedicación.

Horario: de 12 a 2h.
Horario cocina:
de 12 a 0.30 h.
Horario menú mediodía:
de 14 a 16h.
Cerrado: lunes
Precios: té, 300 ptas.
Infusión, 225 ptas. Café, 125 ptas.
Vaso de vino, 250 ptas.
Combinado, 850 ptas.
Sándwiches, sobre 500 ptas.
Pizzas, 500 ptas.
Ensaladas, sobre 800 ptas.
Tartas, 500 ptas.
Precio menú mediodía:
1.000 ptas.
No se aceptan tarjetas de crédito

Confidencial

La música es muy cálida, una selección propia y de amigos, con cantautores, música brasileña, canciones tristes y algo de flamenco, que se oye bien, suficientemente alta, pero que deja hablar.

Arc del Teatre, 11 (una travesía de La Rambla, al otro lado de Escudellers)
08001 Barcelona
Párking en las Drassanes

Kentucky

Tocando fondo

Horario: de 20 a 3h.
Cerrado: lunes y domingo
Vacaciones: agosto
Precios: refrescos y cervezas, 350 ptas.
Combinados, 850 ptas.

Un viejo café (debe de tener unos 50 años), marcado por el paso del tiempo. Fue un bar de encuentros fáciles entre marineros y prostitutas que conserva aquel ambiente alcóholico y cutre que sabe a auténtico. Un pasillo a la entrada con una barra larga, de unos 30 m frente a un espejo, luces fluorescentes, tragaperras y un *jooke box* de música imposible. Al fondo, una pequeña sala con mesas.

Hay de todo, bueno, malo y mezclado. Lleno hasta los topes los fines de semana, a partir de las 2h. casi no se puede ni pasar de la puerta.

Moros, extranjeros, gente del barrio, indocumentados, estudiantes, arquitectos, intelectuales, borrachos y modernos. Lo cierto es que está de moda y, a partir de las 2h. es todo un clásico, siempre hay posibilidad de encontrar caras conocidas y también hay un cierto riesgo. La parte del fondo del local es la más heavy.

Confidencial

Un bar muy alcohólico, donde se viene a beber hasta quedar casi tumbado. Hay muchos tipos de whiskys.

La bodegueta

La tasca

Rambla de Catalunya, 100
(esquina Provença)
08008 Barcelona
Tel. 93 215 48 94
Párking c/ Provença entre
Rambla Catalunya y Balmes

Es el bar más auténtico, de ambiente más joven y enrollado que hay en la Rambla de Catalunya. Uno de los pocos que ha conseguido mantener el sabor del antiguo establecimiento que durante 46 años, desde 1940 a 1986, surtió de hielo, vinos y licores a granel a los vecinos del barrio. Fue la tercera generación de esa familia de bodegueros quien decidió transformarla en bar, pero eso sí, sin modificar su estructura y conservando el mismo ambiente. Acertaron de lleno, La bodegueta es desde entonces el local predilecto de los personajes más inquietos, creativos, modernillos y con personalidad que circulan y trabajan por la zona, una mezcla joven y simpática entre la que es fácil encontrar caras conocidas.

La oferta es la propia de una tasca, buen tapeo, vinitos y vermut. Son famosas las anchoas de la casa, su jamón ibérico, su queso manchego, sus croquetas, su ensaladilla y, sobre todo, sus flautas de pan caliente y generosas raciones de ibéricos.

Horario: de 8 a 1.45h.
Domigos, de 19 a 1.45h.
Cerrado: domingos mañanas
Vacaciones: 15 días en agosto
Precios: café, 120 ptas. refresco, 195 ptas. Copa de vino de Rioja, 195 ptas.
Copa vermut casero, 225 ptas.
Flautas, sobre 450 ptas.
Tapas, sobre 500 ptas. ración
Precio menú mediodía: 1.250 ptas.

Confidencial

Al mediodía, un menú de cocina casera por 1.250 ptas. Por las noches, cenas de tapeo y bocatas para después del cine y copas bulliciosas hasta la 1.30h. de la madrugada.
De mayo a octubre La bodegueta se amplía con terraza en la Rambla de Catalunya en donde se sirven comidas y copas al aire libre.

La botiga de te y cafè

Otros mundos

Plaça Dr. Letamendi, 30-33
(esquina Aragó)
08007 Barcelona
Tel. 93 454 16 75
Párking en la calle

Horario: de 9 a 20.30h. Sábados, de 10 a 14h. y de 17 a 20.30h.
Cerrado: domingos
Precios: café, 145 ptas.
Café con leche, 170 ptas.
Chocolate, 285 ptas.
Croissant y pastas, entre 145 y 235 ptas.
Cafés especiales, entre 220 y 345 ptas.
Tés, entre 250 y 300 ptas.

¿Qué tal un té aromático a media tarde?, por ejemplo, el Darjeelin Margaret's Hope acompañado de naranja, o quizá prefiera algo más fuerte y combinado con leche, como el Kenya Marinyin, o un té a la menta y azucarado, el Zhuchagunpower. En La botiga de te y cafè, los tés tienen nombre y apellido, los cafés también. Hay más de 50 especialidades, una carta larguísima –fríos, calientes, todos complicados y exóticos– en la que uno se pierde, pero los propietarios, una pareja amable y servicial, saben mucho sobre el tema y lo que más les gusta es aconsejar. A pesar de todo, los clientes, clientas en su mayoría, suelen pedir «el de la casa», está buenísimo. Además, hay infusiones varias, bollería llegada directamente y a diario desde Sacha y tartas alemanas de absoluta confianza. Todo servido con mimo y *com il faut*.

El local no tiene pretensiones pero resulta cálido, con velitas en las mesas al atardecer, luz suave y un montón de periódicos y hasta paraguas a disposición de los clientes.

Confidencial

Los tés y cafés se venden también al detall, y si se desea una especialidad que no esté disponible, ellos se encargan de proporcionarla. También a la venta, un completo surtido de objetos y pijerías referentes al té, las infusiones y el café.

La Cerería

A ritmo solidario

Baixada de Sant Miquel 3-5 (entre pl. de Sant Jaume y c/Avinyó)
08002 Barcelona
Tel. 93 301 85 10
Zona peatonal. Párking: el de la Catedral o c/ Ciutat

Un granja con filosofía hippy, auténtica, que se ha consolidado como uno de los rincones mágicos de Ciutat Vella. Regentada en plan cooperativa por diez socios de nacionalidades diversas: chilenos, argentinos, uruguayos, italianos y catalanes, todos jóvenes, ex-estudiantes o ex-parados, sin capacitación previa en el ramo de la hostelería, sin jefes ni prioridades, que trabajan a tope y cobran por igual. El invento funciona. Se llena a tope cada día, guiris, gente joven del barrio y del Ayuntamiento que se han convertido en incondicionales de la casa.

La carta es extensísima y atípica, su fuerte son las bebidas especiales: mate, deliciosos batidos de plátano con dulce de leche o de aguacate con canela, chocolate, 50 clases de té, infusiones de jengibre, regaliz o de pétalos de rosa, granizados y zumos naturales, leche de almendras y de soja o vino caliente con especies en invierno. Para desayunar, pan artesano, leche con muesli, macedonia de frutas, strudels, gofio canario o tartas argentinas. Y para comer (no hay cocina), ensaladas, pasta, tabbouleh, houmous y bocadillos vegetales de chapata, se recomienda el griego, con queso feta legítimo, rodajas de tomate, pasta de olivas y orégano. La espera suele ser larga (hasta 20 minutos) y las prisas no se llevan bien con el ritmo de la casa.

Horario: de 9 a 22h.
Cerrado: primeros miércoles de mes
Precios: café, 100 ptas.
Café con leche, 120 ptas.
Infusión, de 150 a 300 ptas.
Cerveza, 175 ptas.
Batidos, 450 ptas.
Desayuno simple, 200 ptas.
Bocadillo grande, de 325 a 450 ptas.
Precio medio comida: 1.100 ptas.

Confidencial

La calle es peatonal y el local, que coloca sus mejores mesas en el Pasaje del Crédito, consigue ser un lugar tranquilo, con música y prensa alternativa, solidaria y de izquierdas, a disposición de los clientes. Todos los productos se compran en la red de comercio justo solidaria.

Sant Pau, 128 (en el Paral·lel,
esquina Ronda Sant Pau)
08001 Barcelona
Tel. 93 443 04 58
Párking en el Paral·lel

La Confitería

Buena armonía

Horario: de 10 a 2h. Viernes y sábados, hasta las 3h. Domingos, de 12 a 24h.
Cerrado: lunes
Precios: café, 125 ptas. Café con leche, 175 ptas. Pastas, 125 ptas. Refresco, 200 ptas. Cerveza, 250 ptas. Copa de cava, 250 ptas. Combinado, 650 ptas. Tapas, entre 500 y 1.200 ptas. Trufas, 425 ptas.

Confidencial

Bar del barrio y de tertulia durante el día, por la noche se llena de gente de teatro, tramoyistas, actores y público normal. Ocasionalmente, conciertos de jazz, piano, pintura, fotografía o lo que se proponga.

Una pastelería de principios de siglo reconvertida en bar, modernista auténtico, con sus espejos, sus vitrinas de cristal esgrafiado, las lámparas de la época e incluso la misma caja registradora del antiguo establecimiento, y al fondo, la vivienda de los dueños, con un pequeño altillo, rehabilitada en plan sobrio y moderno, un cambio de estética brutal que resulta armonioso.

Fueron seis socios quienes, hace un año, decidieron retomar la deteriorada confitería del barrio para darle un nuevo uso y convertirla en uno de los bares más bonitos de la zona. Desde el desayuno al último café de la madrugada, con trufas artesanales (chocolate belga, coco, naranja y café), pastas, pasteles, surtidos de quesos, embutidos y muchas copas por la noche.

La Cova Fumada

La bomba

Baluard, 56 (frente al mercado
de la Barceloneta)
08003 Barcelona
Tel. 93 221 40 61
Párking: Pg. Joan de Borbó

Bodega humilde, desconchada y cutre, con cocina a la vista, neveras antiguas, cajas por todas partes, jaleo y mesas pringosas de mármol compartidas amigablemente por trabajadores del muelle y ejecutivos de traje y corbata. Es la norma y el estilo de la casa, un estilo que la familia Solé está dispuesta a conservar a toda costa porque sabe que forma parte de su encanto y de su personalidad. Llevan 55 años en el negocio y ni tan siquiera han necesitado colocar el rótulo en la puerta, pero el secreto se ha extendido entre los expertos: sus tapas son excelentes. Palmira, la madre, cocina como sólo las madres saben hacerlo, y su local se llena siempre a morir. A la 1h. tienen cola en la puerta y a las 3h. cierran. Los de La Cova Fumada van de chulos y pueden permitírselo.

Buen pescado a la plancha: calamar, sardina o caballa, bombas auténticas, alcachofas a la brasa buenísimas, cap i pota tradicional, michirones, bacalao frito, pulpo a la marinera o guisado con cebolla y pan tostado, o con all i oli, para acompañar. La carta es siempre la misma, la calidad también se mantiene en un gran nivel, los precios son atractivos y ellos son simpáticos. ¿Quién da más?

Horario: de 9 a 15h. y de 17.30 a 20'30h.
Sábados, de 10 a 13.30h.
Cerrado: sábados tarde, domingos y festivos
Vacaciones: agosto
Precios: vaso de vino, 90 ptas.
Bomba, 160 ptas. Tapas variadas, entre 200 y 450 ptas. la ración.

Confidencial

La especialidad de la casa es la «bomba», con all i oli o picante, un invento original de la abuela Solé que se ha hecho famoso en todo el mundo.
Se sirven desayunos de esos contundentes, ni croisants ni pastas, sólo butifarra con secas, garbanzos o cualquiera de las tapas que desde primera hora de la mañana están ya a punto en el mostrador.

Bellafila, 3 (Barri Gòtic,
esquina c/ Ciutat)
08002 Barcelona
Tel. 93 318 53 47
Zona peatonal. Párking:
c/ Ciutat o la Catedral

L'Ascensor

Clínicamente perfecto

Horario: de 18.30 a 2.30h.
Precios: café, 300 ptas. Refresco,
300 ptas. Cerveza, 350 ptas.
Cubata y whisky, 700 ptas.
Cócteles, 600 ptas.

Bar histórico y uno de los más bonitos de la ciudad. Creado en los años setenta a partir de elementos traídos del desguace del Sirtaki, un viejo bar de La Rambla que cerró, y ambientado con refritos modernistas, tulipas y, lo más importante, lo que da nombre al local, el antiguo ascensor de la Delegación de Hacienda, elegante y señorial, con doble puerta y doble filtro, parado para siempre a la entrada. L'Ascensor, que ha pasado por diversas etapas, sobrevive impertérrito al paso del tiempo, modas y modos con absoluta vocación de eternidad.

Un bar *funky* y de noche, clínicamente perfecto, ordenado y tranquilo a pesar de que los fines de semana se llena hasta la bandera, un local para todas las edades y todos los públicos, con música puntera, poca barra y varias mesas donde beber y charlar.

Su especialidad es la coctelería, buenas y suaves mezclas que mantienen bien las proporciones. Bordan los daikiris, la piña colada, los margaritas y los mojitos y caipirnhas al estilo del Caribe.

Confidencial

Creado por el arquitecto Cadenas, el mismo que hizo El Paraigua (Pas de l'Ensenyança, 2), fue el primer bar gay en tiempos del franquismo y desde el 78 es propiedad de Ángel Juez, hombre del espectáculo y de la noche, que lo lleva con buen gusto y profesionalidad.

La Fira

Un viaje a la infancia

Provença, 171 (entre Aribau y Muntaner)
08036 Barcelona
Tel. 93 323 72 71
Párking: hay dos muy cerca, uno a cada lado del local

Es una feria como las de verdad, con churrería, autos de choque, máquinas tragaperras, autómatas, caballitos, espejos deformantes, carteles de circo, futbolines, figuras de cartón piedra y otros elementos guiñolescos recuperados de las antiguas atracciones del Arnau, del Apolo y circos varios. La Fira es un bar disparatado y atípico, creado por el coleccionista Pablo Ornaque, que nos propone un viaje sentimental al mundo de la infancia. Un auténtico museo, mimado y cuidado hasta el último detalle, en donde se puede hablar sentado en los columpios de un tiovivo, tomar copas bajo una inmensa carpa de circo o bailar al ritmo de salsa y música disco de los cincuenta.

El ambiente es el que toca, festivo, lleno de risas y jolgorio, como corresponde a una feria. Grupos grandes y alborotados, clases enteras, despedidas de soltero y equipos de trabajo en reunión amical.

Horario: de martes a jueves, de 22 a 3h.
Viernes y sábados, de 19 a 4.30h.
Domingos, de 19 a 1h.
Lunes, cerrado
Precios: cerveza, 500 ptas.
Refresco, 500 ptas. Copa, 900 ptas.
Los fines de semana se cobra entrada. Viernes, 500 ptas.
Sábado, 1.000 ptas.
(consumición incluida)
No se aceptan tarjetas de crédito

Confidencial

Al margen de las copas y la fiesta, el local merece por sí solo una visita. Recomendamos acercarse entre semana y, mucho mejor, antes de cenar, cuando con la sala vacía podrá entretenerse en mirar uno a uno cada detalle y recordar momentos entrañables.

Pí, 16 (entre la Pl. Sant Josep Oriol
y c/ Portaferrissa)
08002 Barcelona
Tel. 93 302 43 93
Zona peatonal.
Párking en La Rambla

La Pineda

Colmado de lujo

Horario: de lunes a sábados, de 9 a 15h. y de 17 a 22h., domingos, de 11 a 15h. y de 19 a 22h.
Precios: copa de vino, 150 a 175 ptas. Copa de cava, 400 ptas. Bocadillos, entre 350 y 700 ptas.

Pequeño y acogedor establecimiento que mantiene el sabor de aquellos colmados de principios de siglo. El tiempo parece haberse detenido, las mismas balanzas, la misma caja registradora, el mismo «taulell» y un escaparate que da gloria verlo, repleto de butifarras, longanizas, mojama y latas de primera, todo perfectamente ordenado. Al fondo, una barra diminuta y unas pocas mesitas de mármol para degustar el género acompañado de un vasito de vermut de la casa.

Excelentes embutidos seleccionados entre lo mejor y lo más tradicional de las regiones de España: morcillas extremeñas, lomo embuchado de Huelva (Cumbres Mayores), tortetas de Aragón, longanizas murcianas, fuet de Vic o Sumaya, tetilla gallega, jamón serrano y de Jabugo, Roncal, Iriazábal, Manchego puro de oveja, achoas del Cantábrico, carpaccio de bacalao, chipirones, berberechos... Antonio y José llevan ya 35 años al frente de este local y saben lo que hacen. Atienden con mimo y a la antigua y sus clientes no son sólo del barrio, sino que vienen de toda Barcelona, desde Sarrià a la Barceloneta.

Confidencial

Un buen consejo, haga novillos un día cualquiera y pásese por aquí a eso de las 12 a tomarse un bocadillo, son excelentes. Se preparan al momento, bien untados de tomate, aceite de oliva y con el tipo de embutido que usted elija recién cortado a su gusto. Para beber, una copa de vino de Rioja o del Penedès. Saldrá a la calle contento y aún podrá darse un garbeo por el Barri Gòtic, sin prisas y sin coches, disfrutando de esa Barcelona soleada como si fuera un turista.

La Table du Pain

Más que pan

Ronda Universitat, 20 (entre
Rambla de Catalunya y Balmes)
08007 Barcelona
Tel. 93 318 67 80
Párking enfrente

Se trata de un grupo llegado directamente de Luxemburgo que acaba de aterrizar en el centro de nuestra ciudad con todo su bagaje de bollería, baguetes, tartines, ensaladas y otras recetas *pret à manger* que aportan un aire fresco y novedoso para desayunos y comidas informales. El local es amplio y cálido, en tonos ocres, con madera de pino natural, ambientación rústica-provenzal y sabor a pan recién horneado. Un servicio joven y dinámico, y una clientela en donde las mujeres son las protagonistas.

Por la mañana, cuatro fórmulas de desayuno, desde el más simple, 250 ptas. al más completo, 850 ptas., siempre con mermeladas artesanales, miel y mantequilla a go-gó en las mesas. Brunch tranquilo para los domingos, y comidas sencillas a diario que son una alternativa entre el bar-menú y el restaurante. Tartines de pan ácido y bocadillos acompañados de un bol con ensalada. Ensaladas diversas, buenos aliños y agradable presentación. Carpaccios, risottos, pastas y otras sugerencias de platos al estilo francés, que cambian a diario. Las raciones son completas.

Horario: de 8 a 23h.
Domingos: de 8 a 16h.
Cerrado: domingos tarde
Precios: café, 120 ptas.
Café con leche, 150 ptas.
Refresco, 175 ptas.
Desayuno simple, 250 ptas.
Baguetes, sobre las 480 ptas.
Precio medio comida: 2.000 ptas.

Confidencial

Las mejores mesas son las de la entrada, con vistas a la calle. Pero en invierno, recomendamos la *table d'hôtes,* en el interior, larga y a compartir, muy europea.
A la hora de la merienda, tartaletas, madalenas, muffins, pan de chocolate o tartas saladas. Todo casero y también a la venta en el mostrador de la entrada.

La Terraza de Bavara

De sol a sol

Pça. J.F. Kennedy, s/n (entre c/ Balmes y Pg. Sant Gervasi)
08022 Barcelona
Tel. 93 211 89 86
Párking: difícil

Horario: temporada baja (de noviembre a marzo) de 11 a 17h. Sábados y domingos, de 11 a 17h.
Temporada alta (de abril a octubre) de 9 a 1.30h. madrugada
Precios: café, 150 ptas.
Café con leche, 175 ptas.
Desayuno simple, 300 ptas.
Bocadillos, desde 450 a 875 ptas.
Precio menú mediodía (sólo en temporada alta): 1.300 ptas.

Confidencial

Sus pastas, bocadillos, ensaladas y menús, son simplemente correctos. Lo extraordinario es la situación, en verano las mesas avanzan hacia la pérgola e invaden buena parte de la plaza. En invierno, las que quedan, están protegidas del frío y del viento y el privilegiado clima de la ciudad permite que se puedan utilizar la mayoría de los días del año.

Un pequeño tenderete metálico resguardado del viento gracias a estratégicas lonas de quita y pon, protegido del frío invernal a base de estufas y con todo el sol de la plaza para sus clientes. Así de sencillo, así de fácil. Y, por si esto no fuera suficiente, tiene, además, dos columpios y un pequeño tobogán justo enfrente, una bonita balaustrada sobre la calle Balmes, una pérgola con fuentecita donde en primavera florecen buganvilias y otras plantas trepadoras, la montaña del Tibidabo a la derecha y un quiosco de periódicos a pocos metros. En este idílico escenario la vida del barrio transcurre sin prisas, abuelitos que toman su café a media mañana, estudiantes que dan el último repaso a la lección, parejas ensimismadas, mamás con niños que corretean libres por la plaza y perros contemplativos y felices sentados junto a sus amos.

A partir del mes de marzo, La Terraza de Bavara se convierte también en restaurante, ofreciendo una carta de ensaladas, fricandós, guisos varios y menú a precio único: 1.300 ptas.

La Vinateria del Call

Gustos compartidos

Sant Domènec del Call, 9
(en el Barri Gòtic, entre
Pl. Sant Jaume y la Catedral)
08002 Barcelona
Tel. 93 302 60 92
Zona peatonal. Párking en la
Catedral

Una buena opción para la salida de los espectáculos: beber, picar y compartir, sin llegar a «entaular-se». Lo propone La Vinateria del Call, un local rústico, bien dispuesto, tranquilo y con carácter en donde se respira buen humor y buen ambiente, tanto en la cocina como en las mesas de madera, alrededor de las cuales los clientes, sentados en bancos o taburetes, comparten, sin prisas pero también sin pausas, buenos vinos y generosas raciones de tapas del país.

Cecina de León, jamón de pato, jijas, puerros, pastel de cabracho, tigres, tortillas, croquetas y otras tentadoras opciones acompañadas siempre de pan de payés tostado y bien untado de tomate. Todo colocado en el centro de la mesa para picar y compartir entre amigos. El vino del país, hay más de 150 referencias en la carta, es el verdadero protagonista de esta cena informal. El de la casa, a elegir entre un Navarra, un Penedès o un Valladolid, se sirve a copas, el resto por botellas y, como fin de fiesta, vinos dulces para acompañar un postre espectacular, el helado de higos o la mousse de arroz con leche.

Horario: de 19 a 1h.
Cerrado: domingo
Vacaciones: Semana Santa
y días navideños
Precios: botella de vino,
entre 1.000 y 30.000 ptas.
Tapas, entre 500 y 1.000 ptas.
ración
Precio medio cena:
2.500-3.000 ptas.
Precio menú degustación:
2.500 ptas. (incluido vino
de la casa)

Confidencial

La Vinateria del Call abrió hace 17 años y su fama ha llegado hasta Japón. A mitad de camino entre la tasca y el restaurante formal, ha sabido coger lo mejor de cada cual, la prueba es que siempre está lleno, mejor reservar. Los fines de semana la casa establece dos rigurosos turnos, de 21 a 23h. y de 23 a 1h.

Plaça Santa Maria, 5 (frente a la iglesia de Santa Maria del Mar)
08003 Barcelona
Tel. 93 310 33 79
Párking en Pl. Comercial, junto al Pg. del Born

La Vinya del Senyor

Culto al vino

Horario: de 12 a 1h.
Horario cocina: de 12 a 1h.
Cerrado: lunes no festivos
Precio medio copa de vino: entre 250 y 1.200 ptas.
Precio medio platillo: 400 ptas.

Un local temático y absolutamente radical. Ni cafés ni refrescos, sólo vino, pero eso sí, más de 250 referencias por descubrir en una carta interminable: desde los caldos rojos argentinos, chilenos o australianos, a Borgoñas, beaujolais, Penedès, Priorat, Riojas, champagnes, cavas o botellas especiales. El personal, jóvenes *someliers* con Gabriel Cardozo, maestro del tema, al frente, le ayudarán en su elección, recomendándole también la *bouffe* más adecuada para acompañarlo. Costelló de porc amb mel i pebre, pilota d'escudella amb cigrons, olives de kalamata o ventresca de tonyina amb shitake: alrededor de 20 inmejorables platillos de cocina en miniatura que firma el gran chef Fermín Puig.

Un espacio diminuto diseñado hasta el último detalle, con mesa clandestina en el ático y espléndida terraza frente a Santa María del Mar (sólo hasta el 31 de octubre, el Ayuntamiento no permite más: incomprensible). Aquí se reúnen zumbados del vino, militantes en activo y eruditos del mundillo, además de simpatizantes, aspirantes y otros paseantes en tránsito. La proximidad de la iglesia (iluminada los fines de semana) lo convierte también en el lugar ideal para charlar con los amigos antes de una boda o despedir el duelo después de un entierro, y siempre, brindar por los protagonistas.

Confidencial

¡Ojo con los vinos! Se venden por botellas y a precios de colmado pero, si se anima, la factura final será peligrosamente imprevisible. La botella más cara cuesta 254.000 ptas. De ahí para abajo, lo que quiera. La Vinya da también la oportunidad de beber un vino caro sin necesidad de comprar la botella, con una selección de 20 vinos que se sirven a copas y que se renueva cada quince días.

Les gens que j'aime

Terciopelo y tarot

València, 286 (entre Pau Claris
y Passeig de Gràcia)
08008 Barcelona
Tel. 93 215 68 79
Párking en el Passeig de Gràcia

Un local tranquilo, de aire bohemio y nostálgico, en el centro de Barcelona. Cuando traspasas la pequeña puerta y bajas los escalones, el bullicio de la calle queda atrás y es un mundo abigarrado y en penumbra el que te da la bienvenida: sofás de terciopelo rojo, lamparillas, barra modernista, música y *collages* de fotos en blanco y negro por las paredes. Hay algo aquí que recuerda la parte de arriba de aquel mítico Bocaccio y por eso nos hace sonreír. Les gens que j'aime se abrió hacia la mitad de los años sesenta y, aunque ha cambiado de manos y de dueños, mantiene su atmósfera.

Es un buen lugar para citarse a la salida del trabajo, elegir un restaurante, un espectáculo, o regalar los primeros besos de la noche, y también, por supuesto, para tomar la última copa en agradable compañía, prolongar la velada con tertulias amistosas o amorosas, da igual, aquí cada cual se monta su propio ambiente sin fijarse en los demás. Un público variado y heterogéneo en el que se mezclan las generaciones, parejitas de todas las edades, grupos de mujeres solas y amigos en plan tranquilo.

Horario: domingo a jueves,
de 18 a 2'30h. Viernes
y sábados, de 19 a 3h.
Precios: refresco, 450 ptas.
Cuba Libre, 750 ptas.
Whisky, 800 ptas.

Confidencial

El local ofrece además la posibilidad de conocer el futuro a través de la lectura de las líneas de la mano y el tarot. Es otro clásico de la casa que también se mantiene con éxito. (Quiromancia, 3.000 ptas. Tarot, 4.000 ptas.)

Nou de la Rambla, 34 (entre La Rambla y Av. les Drassanes)
08001 Barcelona
Tel. 93 318 52 61
Párking en la misma calle o las Drassanes

London Bar

Del circo al cabaret

Horario: de 19 a 4.30h.
Viernes y sábados, hasta 5h.
Cerrado: lunes
Precios: refrescos, 400 ptas.
Cervezas, 500 ptas.
Combinados, 800 ptas.
Whisky, 700 ptas.

Local modernista con aire decadente que fue, durante varias décadas, centro de inquietudes culturales, ideologías y vanguardias diversas. Hoy con una actividad trepidante, inclasificable y dispersa (muchos ritmos, muchas edades y muchas tendencias) continúa formando parte del circuito clásico y noctámbulo de Ciutat Vella.

Lo inauguró Josep Roca Tudó una noche de Sant Joan de hace ya 90 años. La entrada sigue igual. Al fondo, el antiguo almacén rehabilitado recientemente como sala de espectáculos por Eli Bertrán, nieta del fundador y actual propietaria del London. El conjunto resulta simpático, todo cabe: circo, teatro, cabaret, música en vivo, narraciones de cuentos, exposiciones, presentaciones de libros, fiestas... Un local que sigue vivo, lleno de gente, muchos extranjeros, y un público mezclado que se encuentra a gusto con la oferta.

A las 0.30h empieza cada día el espectáculo, la programación es estable y suele estar llenísimo. Para tener buena mesa es aconsejable reservar.

Confidencial

Martes y miércoles, conciertos de música en vivo. Viernes y sábados, jazz, blues, pop, brasilero... Jueves, función de cabaret, amable y a la antigua usanza. Los domingos, lo mismo, pero a las 20.30h., y a partir de las 10h., show de copla, bolero y flamenco.

Los Juanele

Gitanos y payos

Aldana, 4
(entre Av. Paral·lel y Rda. Sant Pau)
08015 Barcelona
Párking en Rda. Sant Pau

Es el local de sevillanas más flamenco que hay en la ciudad. Un antiguo bar de tapas andaluzas que el gran bailaor Juanele ambientó hace ya 13 años como una caseta de feria, farolillos, guirnaldas de papel en blanco y verde, mantones de Manila, fotos toreras y ese entreverao de payos y gitanos, su público, que pone arte y pasión a la fiesta. Los hijos de Juanele, las primas y los amigos, se encargan ahora del negocio y lo hacen con talante familiar, una acogida cariñosa y muy del Sur que se inicia con un picoteo a base de jamón, queso, tortilla de patatas o caña de lomo y una copita de fino, y acaba arrancándose luego por sevillanas en la pista.

No hay tablao, el espectáculo es el propio público, una parroquia formada en un 70% por gitanos del Eixample, y por payos, «pijos» y de la parte alta de la ciudad, el 30% restante. En la pista se mezclan y todos bailan. Son sevillanas ortodoxas, rancias y auténticas, la primera, la segunda y la tercera... como debe de ser.

Horario: jueves, viernes
y sábados, de 22 a 5.30h.
Horario cena: el mismo
que el del establecimiento
Martes: sólo cenas para grupos
con reserva
Cerrado: lunes, miércoles
y domingos
Precios: refrescos, 600 ptas.
Combinados, 900 ptas.
Copa Manzanilla
o Tío Pepe, 400 ptas.
Tapas, entre 500 y 2.000 ptas.
Precio cena-menú: 2.000 ptas.

Confidencial

Los jueves, de 21 a 22h. clases de sevillanas gratis por gentileza de la casa. Después empieza la juerga.
Los martes el local se abre sólo para grupos con reserva (un mínimo de 10 y un máximo de 40), y un menú casero, a precio estupendo: caldo de puchero, patés, ensalada Los Juanele, lomo a la mostaza, postre, manzanilla, vino y café. Todo eso, y además, buen ambiente, por sólo 2.000 ptas.

Doctor Dou, 10 (en el Raval, entre Pintor Fortuny y Elisabets)
08001 Barcelona
Tel. 93 301 29 40
Párking: por las noches no es difícil aparcar en la misma calle, pero hay un párking en Pintor Fortuny esquina c/ dels Àngels

Mamacafé

Vida sana

Horario: de 13 a 1h.
Domingo y lunes, de 13 a 17h.
Horario cocina: de 13 a 15.30h. y de 21 a 23.30h.
Vacaciones: agosto
Precios: café, 110 ptas.
Café con leche, 140 ptas.
Refresco, 200 ptas.
Caña cerveza, 225 ptas.
Tés e infusiones, 275 ptas.
Precio menú mediodía: 1.100 ptas.
Precio medio carta: 2.500 ptas.

Desengrasante, desintoxicante, ameno, novedoso y relajante. El Mamacafé nació con ventaja, respetando las más estrictas normas del Feng Shui (técnica china que estudia la correcta disposición del espacio para que fluyan mejor las energías), ¿será por eso? Lo cierto es que aquí, en un local a veces completamente lleno, se respira tranquilidad y buen humor, y el servicio, amable y eficaz, realiza su trabajo sin nervios. Una forma de pensar y de actuar que conlleva una especial sensibilidad al cocinar: ni alimentos enlatados, ni microndas, ni siquiera congelador, los del Mamacafé van a diario a la Boqueria y apuestan por una comida sanota, creativa y original, con una variedad de platos más o menos vegetarianos. Acertadas ensaladas, cremas y platos de verduras, pechuga de pavo a la mostaza, todo bien presentado y hecho con cariño.

El local funciona como café durante toda la tarde, un público alternativo y amigos de la casa, que acude a leer, charlar o a jugar al ajedrez. Hay café biológico, infusiones ayurmédicas de plantas para curar males, bocatas, zumos, batidos y tartas caseras.

Confidencial

Es un local amplio que, Pedro Puertas, el arquitecto, construyó con materiales muy básicos, cocina en el centro y tonos impactantes, amarillo, azul, rojo, naranja, mesas redondas, espaciadas y decoración floral. Divertido, sencillo e imaginativo, el Mamacafé está abierto a cualquier sugerencia de tipo cultural.

Mantequería Ravell

Mesa con magia

Aragó, 313 (esquina Girona,
junto al Mercat de la Concepció)
08009 Barcelona
Tel. 93 457 51 14
Párking en el Mercat
de la Concepció

Charcuteros desde 1929, los Ravell, ahora con Josep al frente de este próspero negocio, son verdaderos profesionales de la restauración. La suya es una pequeña y tentadora tienda con una oferta muy, pero que muy seria, nada de lo que aquí se ofrece es ni tan siquiera medianamente vulgar. Especialistas en jamones, embutidos, quesos, foies, whiskys, vinos, habanos, cafés y un largo etcétera de seleccionadísimos productos, lo mejor de esta casa está, sin embargo, escondido en la trastienda, una larga mesa de mármol con servicio de gran restaurante en donde, desde las 9 hasta las 20h. y de forma ininterrumpida, se pueden compartir viandas recién hechas y animadas tertulias con los personajes más insólitos: políticos, altos empresarios, actores, deportistas, médicos y otros *gourmets*.

Los desayunos pueden ser aquí absolutamente pantagruélicos, y los huevos fritos con foie o angulas son ya un clásico para el *brunch* de los domingos, pero a cualquier hora del día la casa prepara verdaderos banquetes, arroz caldoso, tortilla con foie y trufa, chuleta de vaca a la piedra, guisantes de Llavaneras, lubinas de la costa o bacalao al pil-pil... una oferta inenarrable.

Horario: de 9 a 20h.
Domingos hasta las 15h.
Horario cocina: el mismo
que el de la tienda
Cerrado: lunes
Precios: café, 150 ptas.
Café con leche, 200 ptas.
Refresco, 200 ptas.
Bocadillo, 500 ptas.
Precio medio comida:
de 1.500 a 10.000 ptas.
(vinos aparte)

Confidencial

No se admiten reservas, y las frecuentes esperas suelen llevarse con mucha dignidad, la casa invita a cava y siempre hay por allí buenos y tentadores productos para chafardear. ¡Ojo!, no se deje llevar por la imaginación, la nota final es siempre de infarto.
Para los más convencionales, El Menjador de Can Ravell, en Girona 59, abrió hace un año y es un restaurante de alto prestigio gastronómico.

Marcel

Todo terreno

Santaló, 42 (esquina Marià Cubí)
08021 Barcelona
Tel. 93 209 89 48
Párking en Marià Cubí

Horario: de 7.30 a 2h. Viernes y sábados, hasta 3h.
Domingo, de 17 a 24h.
Horario de cocina ininterrumpido
Horario menú mediodía: de 13 a 16.30h.
Vacaciones: 10 días en agosto
Precios: café, 125 ptas. Refresco, 200 ptas. Cerveza, 200 ptas. Combinado, 650 ptas. Tapa, sobre 350 ptas. Sándwiches, entre 350 y 500 ptas. Plato combinado, 800 ptas. Precio menú mediodía: 1.100 ptas.

Confidencial

Justo enfrente, Racó d'en Marcel, sólo una barra con bonita terraza, que se ha querido especializar en tapas vascas, montaditos, embutidos ibéricos y vinos, muchos vinos. A la hora de comer también se ofrece el plato del día. El ambiente es más maduro y sibarita que el de su progenitor.

Es el Marcel de toda la vida. Un bar de barrio y todo terreno durante el día, para todas las edades, todos los géneros y todos los gustos. Tapas andaluzas, patatas bravas, bocadillos fríos y calientes, platos combinados y un menú de comida casolana a buen precio al mediodía capaz de sacar airosamente del apuro a los habituales de la zona de Galbany.

Por la noche el Marcel toma aires muy noctámbulos y se ilumina de una forma especial. Clientes habituales, pijoteras, jovencitos de la parte alta de la ciudad, una marabunta de citas y bullico que, especialmente durante el fin de semana, colapsan el interior del local, la terraza y la acera del lado derecho de la calle Santaló. El bar dispone de todo tipo de licores y 20 clases de whiskys expuestos en las estanterías, e incluso hay quien se aventura a probar el cóctel del día que se anuncia en la pizarra con discreto éxito.

Marsella

El más viejo del lugar

Sant Pau, 65 (entre La Rambla
y el carrer Robador)
08001 Barcelona
Tel. 93 442 72 63
Párking: c/ Hospital

Dicen que es el bar más antiguo de Barcelona, abrió en 1820 y tiene méritos suficientes como para considerarse viejo y cargado de historia, lleno de botellas polvorientas, de carteles anacrónicos, de espejos desconchados, de lámparas antiguas y de personajes imprevisibles que juegan, beben, miran, discuten, cantan o callan. Un bar de marineros, de pintores muertos, de borrachos que duermen sobre las mesas de mármol, de artistas, de extranjeros, de curiosos, de estudiantes, de gente conocida y de gente normal. La mezcla es sorprendente, a veces da respeto, pero siempre divierte.

Un bar bonito, cuadrado, tronado y con misterio.

Además está la absenta, esa bebida de poetas, bohemios y artistas, con legendarias propiedades alucinógenas y estimulantes, el licor de la casa que aquí se sirve en copa grande y pone la chispa entre los clientes.

Horario: de 22 a 2.30h.
Viernes y sábados,
hasta las 3.30h.
Cerrado: domingos
Precios: refrescos y cervezas,
300 ptas. Combinados, 700 ptas.
Absenta, 500 ptas.
No se aceptan tarjetas de crédito

Confidencial

Fue un ciudadano de Marsella quien abrió este local en Barcelona introduciendo a la vez la costumbre de beber absenta, lo que le dio fama entre los pintores de la época. Picasso, Gaudí y muchos otros fueron habituales del local.
Clausurado finalizada la guerra civil, volvió a abrir sus puertas ocho años más tarde. Está todo intacto, con el mismo polvo, tal cual.

Casanova, 75 (entre Aragó y Consell de Cent)
Tel. 93 454 53 63
08011 Barcelona
Párking en Aragó

Medusa

Lo mejor del Gayxample

Horario: de 22 a 3h.
Domingos de 18.30 a 2.30h.
Cerrado: lunes
Precios: refrescos y cervezas, 500 ptas. Copas, 900 ptas.
Café, 200 ptas.

Ambiente gay, parejas masculinas, hombres solos, amigos y algunas amigas (pocas) de... todo está permitido y para el caso da igual, estamos en el Gayxample y es el año 2000. La normalización es la regla, el pecado no existe, y el petardeo y la fiesta han dejado paso a expresiones mucho más discretas y educadas. Medusa, que en el año que lleva abierto se ha convertido en uno de los locales más exitosos del barrio, es un buen ejemplo de los valores que representan este colectivo: exquisito tacto, elegancia, apertura y tranquilidad.

Una decoración muy a la moderna, diáfana y con inspiración sesentera, luz agradable y divertidos toques de color, delimitan este espacio en donde a ritmo del house más puntero toma copas un público selecto, totalmente *fashion* y con pedigrí. Frank, ex componente del grupo Parchís, es uno de los socios.

Aviso: las parejas convencionales abstenerse, ellas se quedan fuera. Sin embargo, se permite la entrada a las mujeres siempre que vengan acompañadas de varios hombres.

Confidencial

En la misma línea y en la misma zona, el Oui Café (un pequeño espacio de color marfil inaugurado recientemente y en donde las parejas gays se reúnen ya por la tarde), además, Punto BCN, Dietrich Café, conformando una ruta que, bajo la bandera del arco iris, gana cada día mayor número de adeptos.

Mesón del Café

Con aroma

Llibreteria, 16
(cerca de Pça. Sant Jaume)
08002 Barcelona
Tel. 93 315 07 54
Zona peatonal. Párking en la Catedral

Huele a café en este diminuto local que abrió al público a principios de siglo, decorado al más puro estilo tirolés y que aquí, con el gobierno en pleno de vecinos, parece como si hubiera escapado de las páginas de un cuento. Dicen que su café con crema es el mejor capuccino de la ciudad, y lo cierto es que son especialistas en café desde hace 90 años, ellos hacen su propia mezcla, a base de granos naturales y aromáticos según una fórmula secreta que la familia Peligros ha transmitido de padres a hijos durante cuatro generaciones.

Solo, cortado o con leche, pero también biberón, machadito, picardía, capuccino y otras variantes del café con ingredientes diversos y, además, croissans de hojaldre y chocolate con churros de elaboración propia y fritos al instante.

Horario: de 7 a 23h.
Cerrado: domingos
Precios: café, 115 ptas.
Capuccino, 260 ptas.
Picardía (café + leche condensada + whisky), 260 ptas.
Chocolate con churros, 290 ptas.

Confidencial

Al fondo cinco mesitas (las dos del rincón son las más apreciadas), en donde se instalan desde estudiantes a escritores de versos tristes o parejas románticas. El espacio no da para la tertulia en grupo, pero la barra siempre está concurrida y con posibilidad de encuentros interesantes.

Manuel Arnús, 2 (junto a la Pl. Doctor Andreu, a la llegada del Tramvia Blau)
08035 Barcelona
Tel. 93 434 00 35
Párking en la plaza

Mirabé

Nueva panorámica

Horario: de 19 a 3h.
Precios: refresco, 575 ptas.
Whisky o similar, 1.100 ptas

Confidencial

El Mirabé abrió sus puertas a principios de año y entre sus próximos proyectos está el de ampliar el horario a las mañanas e inaugurar el restaurante en su jardín, un restaurante que se prevé tenga un poco de empaque y, eso sí, en un entorno cautivador.

Los propietarios del Mirablau han decidido hacerse ellos mismos la competencia. Justo al lado, con idéntica filosofía y distribución de espacios, dirigido a una clientela similar, y sobre todo, disfrutando de la misma e inmejorable panorámica, Barcelona entera a sus pies. La experiencia les demuestra que no pueden fallar.

Una construcción acristalada y moderna de dos plantas, en una el bar de copas y en la otra la discoteca, rodeada de una romántica terraza-jardín en donde se prevé instalar un restaurante. Con portero en la puerta, servicio al viejo estilo, música de los ochenta y un cierto glamour que seducirá sin duda a un público de treinta y tantos, establecido y con buena proyección profesional, mientras que dejará fuera a modernos empedernidos, *grunges*, adictos a la música techno y amantes de la movida de la parte baja de Barcelona.

Mirablau

Con vistas

Plaça del Doctor Andreu, s/n
(al final de la Avda. del Tibidabo,
al pie del Funicular)
08035 Barcelona
Tel. 93 418 58 79
Párking alrededor de la plaza

El Mirablau tiene la mejor vista sobre Barcelona, no es ningún secreto, pero vale la pena recordarlo. Porque además, está abierto desde la mañana hasta altas horas de la madrugada, lo que permite que, desde sus cristaleras, que van de lado a lado del local, se contemple un espectáculo panorámico y cambiante, románticos atardeceres, tenebrosas noches de tormenta, o mañanas limpias y soleadas con toda la luz del invierno iluminando la ciudad.

Cafés y aperitivos tranquilos por las mañanas. Meriendas para dos, por las tardes, y por la noche, cócteles y copas hasta la madrugada con música suave en el bar, y abajo, en la pista, ritmos variados de los años sesenta, setenta y ochenta, para un personal más bien madurillo, trajeado, sin complejos y con ganas de gustar.

El local dispone también de dos terrazas, una exterior que sólo abre los fines de semana y otra, con amplio horario, a la que se accede desde la pista de baile.

Horario: de 11 a 4.30h.
Precios día: café, 200 ptas.
Refresco, 325 ptas. Whisky
o similar, 900 ptas.
Tapas, 400 ptas. Chocolate
con churros, 575 ptas.
Precios noche: refresco, 575 ptas.
Whisky o similar, 1.100 ptas.

Confidencial

Justo enfente, Merbeyé, un bar de extraordinario diseño firmado por Fernando Amat, Francisco Bosch y Mariscal en 1978. Los nuevos dueños lo mantienen justito, pero su terraza climatizada continúa frecuentada por los nostálgicos de siempre. Sólo noches.

Passeig del Born, 15
(entre el Mercat del Born y la iglesia de Sta. Maria del Mar)
08003 Barcelona
Tel. 93 310 37 27
Párking en la Pl. Comercial, junto al Mercat del Born

Miramelindo

Memorias de África

Horario: de 20 a 2.30h. Viernes y sábados, hasta 3.30h. Domingos, de 19 a 2.30h.
Precios: refrescos y cervezas, 375 ptas. Capuccino, 375 ptas. Whisky, 700 ptas. Cócteles y especialidades, de 550 a 750 ptas.

Por mucho que lo conozcas, al abrir su gran puerta de madera te llevas siempre una nueva y agradable sorpresa, epecialmente entre semana, cuando no está tan lleno y puedes admirar, así de golpe, un local magnífico en el que todo hace juego. Diseñado hace ya 21 años por el arquitecto Jordi Galí, el Miramelindo es un bar coherente, de esos que hacen época y escuela. Un bar con aspecto de película colonial, dos espacios y altillo, todo forrado en madera, con silloncitos de mimbre, música suave y una iluminación tamizada y cálida que invita a noches largas y confidencias.

El servicio es agradable y profesional, la especialidad de la casa son los cócteles, mojito, caipiriña, caipirosca, cóctel de coco o de cava, y también zumos de frutas y cafés especiales (café irlandés o capuccino) e incluso algún postre para los más golosos como la mousse de chocolate.

Confidencial

Buen público, de mediana edad, pequeños grupos, parejas y extranjeros. Las mejores mesas para observar el local y el ambiente son la de la entrada y, en el altillo, la que está en la esquina. Los fines de semana sentarse aquí es toda una lotería.

Mond

De rabiosa actualidad

Plaça del Sol, 29 (en Gràcia, por encima de Travessera de Gràcia)
08012 Barcelona
Párking en la misma Plaça del Sol

Un lugar de referencia para los más jóvenes y modernos de la noche de Barcelona. Pequeño e impersonal, como marcan las últimas tendencias, el Mond nació hace escasamente un año ambientado en plan cómodo, con amplios sofás, butacas, poca luz y música pop en tono alto. Cada día, a la luz de las diapositivas que se proyectan en las paredes del local, espectáculo acústico a cargo de un selecto cartel de los *dj's* más potentes de la ciudad, copas asequibles, amplio surtido de chupitos y ambiente *trendy*, para veinte y treintañeros con espíritu popero y mente abierta.

El éxito ha superado las expectativas. De jueves a sábado, el interior del bar se queda pequeño, y los que no consiguen entrar se quedan fuera, sentados en los bancos o en el suelo de la Plaça del Sol, protagonizando así una movida que no ven con simpatía los vecinos del lugar.

Horario: de 21 a 2.30h.
Viernes y sábados, hasta 3h.
Precios: refresco, 200 ptas.
Cerveza, 300 ptas. Combinado, 600 ptas.

Confidencial

Cada viernes, de 24.30 a 5.30h., el Mond se traslada a la sala Cibeles (Còrsega, 363), para organizar veladas antológicas que comparten la misma filosofía, el mismo ambiente y los mismos ritmos, pero esta vez en la pista de baile y con catarsis colectiva.

Via Augusta, 112 (debajo de Plaça Molina, esquina Lincoln)
08006 Barcelona
Tel. 93 237 13 13
Párking en c/ Sant Eusebi

Mos

La botiga dels apats

Horario: de 7 a 22h.
Precios: café, 120 ptas.
Café con leche, 140 ptas.
Refresco, 140 ptas.
Desayuno simple, 220 ptas.
Precio medio comida:
de 1.000 a 1.500 ptas.

Con una tradición en la gastronomía forjada a lo largo de más de 40 años, los de Condado (Mallorca, 210) han abierto nueva sede en la parte alta de la ciudad, esta vez para degustar también sus sugerencias *in situ.* Dulce o salado, picar algo entre horas o realizar una comida completa, da igual. Desde canapés a pequeños bocadillos, tartaletas de ensaladilla o pollo, ensaladas variadas, tortillas, macarrones, pollo al chilindrón, roast-beaf, suquet, pies de cerdo, arroz con sepia y un montón de otros guisos clásicos catalanes donde elegir. El producto es de confianza, de elaboración propia, y la pastelería excelente.

Un local moderno, equilibrado y tranquilo, que tiene una forma de funcionar propia y especial. Un espacio sobrio y elegante, para comprar o degustar, elegir y combinar. No hay lujos supérfluos, todo, incluso las bebidas calientes, se lo sirve uno mismo.

La parte alta es un entarimado bien dispuesto. Ni bar, ni restaurante, un self-service de calidad, con barra baja y pocas mesas que acostumbran a llenarse en horas punta. La casa abre 365 días al año, de 7 de la mañana a 22h. y, a esa hora, siempre queda aún la posibilidad de llevarse la cena envuelta y bajo el brazo.

Confidencial

Los helados de la casa son absolutamente recomendables. En verano, 20 sabores distintos, el de vainilla, elaborado con vainilla natural, es fantástico. De 11 a 16 h. y de 20 a 22h. Mos atiende también demandas telefónicas siempre que su importe sea superior a 3.000 ptas. Una llamada y en media hora la comida está en su casa.

Mudanzas

Sabor de barrio

Vidreria, 15
(junto a Santa Maria del Mar)
08003 Barcelona
Tel. 93 319 11 37
Párking en la Pl. Comercial, junto al Mercat del Born

El nombre le viene de la antigua casa de mudanzas que existía en el local, y de ella conserva también la estructura, el anagrama y ese sabor rancio de los establecimientos con historia. Hoy, el Mudanzas es un café de barrio en blanco y negro, madera oscura y mármol, gran barra en la entrada, banco corrido y algunas mesas distribuidas en dos salitas. Un bar bien atendido y bien llevado, hay juventud y simpatía detrás de la barra, y clientes asiduos, vecinos de la zona, que comparten sin problemas el espacio con el turista, el trabajador de la obra, el de la tienda de enfrente y el que pasa por la calle. Siempre con música tranquila, Caetano Veloso por ejemplo, murmullo de conversaciones y luz tenue.

Bar de moda en un barrio de moda, viernes y sábado noche el Mudanzas se llena hasta la bandera, suena techno y los ritmos discotequeros, el público es distinto, pero el ambiente continúa siendo bueno.

Horario: de domingo a jueves, de 10 a 2.30h.
Viernes y sábados, hasta las 3.30h.
No cierra nunca.
Precios: café, 115 ptas.
Café con leche, 160 ptas.
Desayuno simple, 285 ptas.
Bocadillo, 300 ptas.
Copa noche, entre 600 y 800 ptas.

Confidencial

Dispone de una barra bien surtida con toda clase de ron, vodkas, whiskys y cócteles. Durante el día, carta de bocadillos fríos y calientes, con algunas especialidades propias de la casa como el de atún, anchoas y pimiento del piquillo, o el de queso fundido con anchoas.

Balmes, 441
(al final de la calle Balmes,
frente a la pl. J.F.Kennedy)
08022 Barcelona
Tel. 93 418 84 69
Párking: difícil

Nagusi

Montaditos de capricho

Horario: de 10 a 1h.
Horario cocina: de 12 a 16h. y de 20 a 24h.
Cerrado: domingos
Vacaciones: agosto
Precios: café, 115 ptas.
Café con leche, 140 ptas.
Refresco, 200 ptas.
Chato de vino de la casa, 150 ptas.
Montaditos fríos, 150 ptas.
Montaditos calientes, 175 ptas.
Precio medio comida: 1.300 ptas.

Los montaditos vascos han llegado, por fín, a la parte alta de la ciudad, un local pequeño y lo suficientemente cálido, tonos granatosos y madera, que reproduce la forma de tapear que se ha puesto de moda en algunos barrios de Barcelona. Así, la barra del Nagusi se llena, a partir ya de las 12h. del mediodía, de un estupendo surtido de tentadoras tapas y caprichosos montaditos fríos: queso brie con fresa, escalibada con anchoa, tomate con alcaparras o aguacate con miel y anchoa, que el cliente se sirve a su gusto. Las tapas calientes se piden y se cocinan al momento. Hay croquetas de chorizo ibérico, huevo frito con queso de cabrales, mini hamburguesas, berenjena con mousse de ajo y otras más, todas recién hechas, imaginativas y con una buena relación calidad-precio.

Confidencial

Para los clientes más tradicionales y todos aquellos a quienes no les guste tapear a pie de barra, el local dispone de unas cuantas mesas con servicio casi de restaurante.

En la temporada veraniega Nagusi abre terraza en la calle para tapear a la fresca.

Nou Cultural Cafè

El casal del arco iris

Ample, 5 (en el interior del Casal Lambda. Cerca de Pl. Duc de Medinaceli)
08002 Barcelona
Tel. 93 412 72 72
Párking: hay dos en la misma calle

Ubicado en la parte posterior del Casal Lambda, un centro asociativo juvenil de gays y lesbianas (sano, cívico, formal y con un sorprendente aire de centro parroquial), el Nou Cultural Cafè no es, no quiere ser, un gueto para homosexuales, los nuevos arrendatarios pretenden convertirlo en bar-restaurante abierto a todo tipo de público. Lo cierto es que el espacio tiene gracia, cutre, desvencijado, pintado en tonos rosas chiclé, verde pistacho y otros toques absolutamente surrealistas, pero lo mejor es el patio, recogido del viento, con árboles y una fuente en el centro. Parece un rincón de Italia en el centro de Ciutat Vella.

Se sirven cafés, refrescos, bocadillos tipo bagette, cocina rápida con ensaladas, platos de pasta y un menú vegetariano para las cenas de los fines de semana que suele ser muy, muy correcto. El ambiente es tranquilo y superliberal, cualquier tipo de pareja o grupo es bien recibido, nada sorprende ni ofende.

Horario: de 17 a 2h. madrugada
Cerrado: lunes
Precios: café, 115 ptas.
Café con leche, 150 ptas.
Refresco, 150 ptas.
Cerveza, 225 ptas. Bocadillos, entre 300 y 500 ptas.
Menú: 1.500 ptas.

Confidencial

Como centro cultural y asociativo, el Casal Lambda desarrolla también actividades varias, exposiciones de pintura de jóvenes artistas, fiestas, debates y, cada jueves, cine gratis a partir de las 20h.

Octopussy

Barcelona a ritmo house

Moll de la Fusta, s/n, local 4
(frente a Pg. de Colom)
08039 Barcelona
Tel. 93 221 40 31
Párking subterráneo
debajo del local

Horario: jueves, de 23 a 2.30h.
Viernes y sábados, de 24 a 3.30h.
Cerrado: lunes, martes y miércoles (ocasionalmente puede estar abierto)
Precios: refresco, 600 ptas. Copa, 800 ptas.

Bar de copas, terraza frente al mar, *chill-out* y discoteca. Todo en uno y algo más. Octopussy es, hoy por hoy, un espacio sin competencia en la noche *cool* de la ciudad. Situado en el Moll de la Fusta, con un mobiliario precario y un entorno en absoluta decadencia, este local no parecía tener mejor suerte que sus vecinos hasta que Ignacio Furest junior y su equipo decidieron tomarlo por su cuenta, pusieron tenacidad e ilusión en la tarea y consiguieron darle la vuelta. Extranjeros, publicistas, artistas y una fauna declaradamente *fashion* y *à la page,* son los incondicionales que llenan cada día, y a tope, este local, atraídos por su música y un ambiente de buen rollo frente al mar.

Javier Navinés es el *dj resident* y el encargado de crear el ambiente acústico. Techno y house marcan el ritmo del baile en el interior y la terraza, acondicionada con potentes calefactores, es un hervidero de animadas conversaciones.

Confidencial

Además, *dj's* invitados, Acquaviva, Aleix y otros, y también originales eventos con los que Ignacio Furest sorprende a sus huéspedes.
Tras el éxito, el chaparrón. El Ayuntamiento amenaza con el cierre de este espacio que se ha convertido en uno de los más brillantes y cosmopolitas de la ciudad.

Pa i Trago

Comidas artesanas

Ausiàs Marc, 58 (esquina
Pg. de Sant Joan, lado mar)
08010 Barcelona
Tel. 93 245 20 04
Párking: hay varios en la zona

Rosa y José, competentes, trabajadores y entrañables los dos, son todo y más en este multiespacio gastronómico en donde los clientes se convierten en adictos. La decoración, sencilla, limpia y cuidada, no es lo más importante de la casa, lo mejor es su oferta charcutera (embutidos ibéricos, quesos artesanos nacionales y de importación, patés franceses o salmón noruego), su barra (excelentes bocadillos preparados al momento y al gusto del consumidor), y sobre todo, ese pequeño comedor con menú de tres estrellas a precio de saldo. Rosa es el alma en la cocina, aprendió de su madre y, día a día, se deja llevar por su imaginación para preparar platos caseros imposibles de igualar. Escudella y carn d'olla, crema de melón, pastel de marisco con merluza y gambas, coca de atún, paella, pies de cerdo, sanfaina, bacalao al pil-pil, calamares rellenos... la improvisación es la norma de la casa, y el menú, que se adapta según la temporada, se compone de tres primeros y tres segundos a elegir, postre y bebida. Todo por 1.195 ptas.

Horario charcutería y bar:
de 8 a 20h. Domingos y festivos,
de 8 a 15h.
Horario comida: de 13 a 16h.
Cerrado: lunes no festivos
o vísperas de festivo
Vacaciones: agosto
Precios: café, 100 ptas.
Café con leche, 150 ptas.
Bocadillos de ibéricos, 450 ptas.
(rústico), 850 ptas. (flauta)
Precio menú
mediodía: 1.195 ptas.

Confidencial

Hay platos recién hechos para comer en la barra a cualquier hora del día o para llevar, y los domingos, el mostrador de la charcutería es especialmente espectacular. Canelones como los de la abuela, croquetas de las de antes, tortillas jugosas, ensaladas varias, pastel de tortilla, bacalao, pies de cerdo, pimientos del piquillo con brandada, cochinillo, cordero al horno, fricandó de ternera... La lista es importante, todo en su punto y hecho por Rosa, se nota.

Pastís

La Chançon

Santa Mònica, 4 (una travesía del final de La Rambla)
08001 Barcelona
Tel. 93 318 79 80 - 93 318 45 17
Párking en la calle de abajo, Portal Santa Madrona

Horario: de 19.30 a 2.30h.
Precios: pastís, 425 ptas.
Refrescos, 375 ptas.
Whisky, 750 ptas.
Cubalibre, 750 ptas.

El bar más francés que hay en Barcelona, son sólo 25 metros cuadrados, pero repletos de sabor a barrio latino y a noches portuarias de Marsella. Un garito con personalidad y ambiente que creó Joaquín Ballesteros, hace ya 50 años, llenándolo de cuadros que pintó él mismo, lo mantuvo su mujer, la señora Carmen, con delantal almidonado, y desde el 80 es propiedad de José Ángel de la Villa. Sigue igual, 2 mesitas, 8 taburetes, 4 metros de barra, botellas, recortes de periódicos y el mismo polvo y la misma música. Piaf, Brel, Barbara, Brassens, Ferrer... para nostálgicos del existencialismo y bohemios de todas las generaciones.

Pernot, ricards, le *vrai pastis de Marseille*, y en la tarima, música en directo: tangos, jazz, blues, música clásica y canción francesa.

Confidencial

Los recitales de música empiezan a las 23.30h. y aunque el local se pone a rebentar, son una buena excusa para visitar esta pequeña joya a la salida de un restaurante o prolongar la noche con una copita después de un espectáculo. Los martes se programan tangos y los domingos, canción francesa.

Pilé 43

Fashion victims

Aglà, 4 (muy cerca de la Pl. Reial, entre c/Escudellers y c/ Lleona)
08002 Barcelona
Tel. 93 317 39 02
Párking: La Rambla

Nuevo, novísimo, el útimo en llegar al centro neurálgico de la modernidad y llega con fuerza, rompiendo de un plumazo con cualquier estética *dejà vu* en la zona. Lo suyo es pura nostalgia pintada en un blanco luminoso y amueblada al estilo guateque ye-yé, sillas y lámparas de estructuras metálicas, carritos de bebidas de plástico, vajillas de colores intensos y mesas psicodélicas. Todo es auténtico y original de los años sesenta y setenta, además, está en venta. Laura y Fran, una pareja en la onda, son los creadores de este invento y están totalmente dispuestos a renovar su mobiliario con nuevos cachivaches de época si los clientes deciden llevárselos a casa.

La carta, vegetariana e innovadora, entra ya de lleno en el actual milenio. Sándwiches creativos y completísimos, sabrosas combinaciones de panes naturales con tomatitos cherry confitados, vegetales o quesos, acompañados de guarniciones diversas, cremas de verduras, legumbres, cous-cous y, para beber, zumos naturales. Además, cócteles varios, el Pilé 43 con hielo picado, muy retro y años setenta, es por supuesto la estrella de la casa y el que da nombre al local.

Horario: de 13 a 1.30h.
Viernes y sábados, hasta las 2h.
Horario cocina: de 13 a 1.30h.
Horario menú de mediodía: de 13 a 16h.
Domingos: cerrado
Precios: refresco, 250 ptas.
Té, 275 ptas. Cóctel, 600 ptas.
Combinado, 700 ptas.
Sándwich con guarnición, 600 ptas. Tarta, 300 ptas.
Precio menú mediodía: 1.000 ptas.
Precio medio carta: 2.000 ptas.

Confidencial

Una visita al cuarto de baño, todo pintado en colores y más colores *happy people*, nos traslada de golpe a la época hippy, un contraste un poco fuerte, divertido y que es impactante. Se recomienda para desintoxicar.

Plaça Reial, 3 pral.
(junto a La Rambla)
08002 Barcelona
Tel. 93 301 11 65
Zona peatonal. Párking:
Atarazanas y edificio inteligente de
La Rambla

Pipa Club

De novela policiaca

Horario: club privado hasta las 23h. Abierto al público de 23 a 4h.
Precios: cerveza, 400 ptas.
Cubata, 800 ptas.
Mojito, 700 ptas.

Un sitio mágico que hay que descubrir. Tocas el timbre en la portería situada junto al bar Glaciar, esperas a que alguien te abra, subes por una escalera estrecha y, sorprendentemente, sin necesidad de contraseña ni especiales requerimientos, te encuentras en un pisito de aire británico y encantadoramente decadente, como sacado de las páginas de una novela policiaca inglesa. Varias habitaciones y un montón de virguerías: museo de pipas y tabaco, sala de la chimenea, sala del billar, salón de actos con escenario, salitas de estar y el pub Sherlock Holmes, repleto de objetos del famoso detective, en donde podrás conversar de forma civilizada, bien sentado, con una copa en la mano y música bajita, hasta bien entrada la madrugada.

El local pertenece al club privado de fumadores de pipa, edad media 60 años, con actividades propias abiertas al público en general: cursillos de coctelería, tertulias, clases de milonga argentina y tangos.

Confidencial

El Pipa Club fue durante 8 años un punto de encuentro para los amantes del buen jazz en directo. Lástima que en una plaza con ruidos de todo tipo, al Ayuntamiento y a los vecinos les dio por ponerse severos con ellos. Desde entonces, la sección de jazz del Pipa, con socios propios y Ángel Juez detrás, es errante y, tras pasar por varios escenarios, parece que se ha afincado en el Taxidermista.

Pitinbar

Encanto parisino

Passeig del Born, 34 (entre Santa Maria del Mar y el antiguo Mercat del Born)
08003 Barcelona
Tel. 93 319 50 87
Párking en el Born

Pequeño, coquetón, con techo estrellado, tribuna, altillo y agradable terraza en el paseo. Un local cálido y pionero en la zona del Born, que dispone de un público fiel, tranquilo y con personalidad. Estuvo siempre ahí, primero colmado, luego bar, más tarde restaurante de calidad, y ahora, es Ramón Morral, el nieto, quien se ha sumado al boon de la Ribera para transformarlo en el nuevo Pitín, un bar fotogénico y con un plus de *charme* parisina.

Desayunos, copas y algo para picar, todo cuidado con esmero y amor de madre. Empanadillas, croquetas, tortillas, pan con tomate y tartas de confianza, la de mousse de chocolate y naranja o sus *brownies* caseros, son destacables. Además, extensa carta de tés aromáticos e invenciones propias como el de Pitín, un té al más puro estilo capuccino, chocolates y estupendos cafés. Por la noche, una inacabable selección de whiskys, cavas, aguardientes, licores, chupitos y coctelería, que en verano se sirven en la terraza.

Horario: de 12 a 2h.
Viernes y sábados, hasta las 3h.
Sábados y domingos, de 10 a 3h.
Precios: café, 125 ptas.
Café con leche, 160 ptas.
Croissant, 200 ptas. Té, 300 ptas.
Chocolate, 250 ptas.
Tapas aperitivo, 350 ptas.
Tartas, 400 ptas.
Copas, entre 600 y 750 ptas.

Confidencial

El local tiene proyectos para un futuro cercano. El más inmediato, reconvertirlo de nuevo en restaurante para repetir aquellos fricandós, arroces y escudellas de los que todavía se habla, y también, inaugurar una bodega en el sótano para degustar vinos y cavas. El asunto promete.

Doctor Dou, 19 (muy cerca del MACBA, entre Pl. dels Àngels y Pintor Fortuny)
08001 Barcelona
Tel. 93 302 41 33
Párking en la misma calle o en c/ dels Àngels esquina Elisabets

Raval Bar

Encuentros culturales

Horario: de 20 a 3h.
Horario cenas: de 20 a 2.h.
Vacaciones: dos o tres semanas de agosto
Precios: refrescos y cervezas, 350 ptas.
Whisky, 700 ptas.
Combinados, 750 a 800 ptas.
Bocadillos, 500 a 650 ptas.
Tapas, 300 a 500 ptas.
Precio medio cena fría: 2.000 ptas.

Tiene aspecto de casino de pueblo, techos altos y espacioso, con altillo de madera y un ambiente especial. Lucila y Rafa lo abrieron hace ya 20 años, cuando el Raval era todavía un barrio más bien duro, y ahora, con la proliferación de galerías de arte y la apertura del Museo de Arte Contemporáneo, su local se ha convertido en un histórico referente nocturno para el mundo artítisco y cultural. Gente de teatro, pintores, escritores, universitarios y grupos diversos, una mezcla interesante de gente que viene, más que nada, a hablar.

Exposiciones sin ánimo de lucro que cambian cada poco, presentaciones de libros, charlas interminables con música de fondo y algo frío para cenar hasta bien entrada la madrugada. Ensaladas, patés, quesos, pan con tomate y embutidos, pizzas y bocadillos. Las noches son aquí largas, amenas y tienen un cierto tono intelectual.

Confidencial

La gran gitana que da la bienvenida a la entrada es obra del escultor Alejandro Molina realizada en homenaje a Ocaña e indultada de una falla de la Plaça Reial durante las fiestas de la Mercè.

Rita Blue

Copas coloristas

Pl. Sant Agustí, 3 (esquina
c/ Hospital, cerca de La Rambla)
08001 Barcelona
Tel. 93 412 34 38
Párking en c/ Hospital

Restaurante, bar de copas y discoteca distribuidos en dos enormes plantas, un espacio amplio y plural, pintado de mil colores que lleva el sello de la familia de los Blue. El Margarita Blue y El Taco de Margarita son sus hermanos y, como ellos, el Rita no tuvo más que abrir para convertirse en todo un éxito. Es un local de moda en donde resulta fácil descubrir caras más o menos conocidas entre el público, siempre animado y un tanto esnob.

Restaurante convencional a las horas clásicas con una oferta gastronómica de tipo mediterráneo, platos de inspiración griega, marroquí o libanesa, desde pescadito frito a cous-cous.

Luz suave, música disco, tapas informales, guacamole, patatas bravas... y copas por la noche. Mesitas en la plaza y otras sorpresas. El Rita Blue está en plena ebullición, pero tiene aún un montón de proyectos en la recámara.

Horario: de 13.30 a 1.30h.
Precio: copa, entre 700 y 800 ptas.
Precio medio comida: 3.500 ptas.
Menú mediodía: 1.100 ptas.

Confidencial

De miércoles a sábados, en el sótano, baile al compás de los mejores *dj's*. Miércoles, a las 22.30h. cena espectáculo y a las 24h. música house. Jueves, mambo. La música más petarda se reserva para los viernes y sábados.

Passeig del Born, 27 (frente al antiguo Mercat del Born)
08003 Barcelona
Tel. 609 77 95 26
Párking al lado

Rosal

El más progre del barrio

Horario: de 9 a 2h. Viernes y sábados, hasta las 3h.
Vacaciones: una semana en febrero
Precios: café, 115 ptas. Café con leche, 140 ptas. Desayuno simple, 200 ptas. Refresco, 175 ptas. (durante el día), 225 ptas. (por la noche). Precio copa noche, entre 500 y 600 ptas.
Precio medio comida: 1.000 ptas.

Confidencial

Terraza todo el año en el paseo, ocupa un ángulo privilegiado, tiene sol en invierno y sombra en verano, un auténtico microclima a no ser que sople el viento. Buena música a todas horas, y un servicio informal, femenino, joven y simpático, que está en la onda.

Un bareto de barrio situado en una zona, entre el antiguo Mercat del Born y la iglesia de Santa Maria del Mar, que ha recuperado la movida nocturna que tuvo en sus mejores épocas. Aquí están muchos de los locales que faltan en la parte alta de la ciudad, tomados al asalto durante los fines de semana por jóvenes de todas las tribus y tipologías. Pero, durante el día, la Ribera retorna a sus orígenes, y vuelve a ser de nuevo ese barrio sosegado, abierto y mestizo que fue siempre, una delicia.

El bar Rosal, por ejemplo, conserva ese sabor añejo de los locales antiguos (barra curva de mármol, balustrada pintadita al estilo de un tío vivo, sillas de madera) y en sus mesas se sienta, a cualquier hora, una clientela progre y especial, desde intelectuales a gente del mundillo del cine y de la publicidad, rastas o disk jockeys que aprecian las comidas exóticas que Montse adapta a su gusto, una carta corta con recetas secretas en la que no falta el cous-cous, las pakoras, el curry o el pollo con mango caramelizado. Las raciones son tan completas que incluso se pueden compartir.

Salsitas

Últimas tendencias

Nou de la Rambla, 22
(una travesía de La Rambla, bajando a la derecha, a la altura de la Pl. Reial)
08001 Barcelona
Tel. 93 318 08 40
Párking al lado

Es la gran revelación de esta temporada, un local absolutamente innovador que ha teñido de blanco impoluto las noches de Barcelona. Polivalente, informal y ambiguo, el Salsitas es un restaurante que, a medianoche y sin traumas, se convierte en bar de copas con pista de baile iluminada por proyecciones oníricas. Un buen cartel de *dj* (Bass es el fijo, Javier Navines y Sideral, los invitados) caldea el ambiente con house hasta las 4h. de la madrugada.

Rafa Tamborero es el padre del invento y su éxito se fundamenta, dice, en una mezcla de muchas salsas. La decoración, fría e impactante. La música, siempre protagonista en la escena. La cocina, internacional y a precio asequible. Y por último, el personal, un pupurri de gays, niñas de clase bien y modelazos, que desempeñan su cometido de forma divertida, ágil y desenfadada. El poder de convocatoria que resulta de esta mezcla es impactante: divinos y divinas, bellezos y bellezas, niños y niñas de clase bien, gente guapa... en fin, lo mejor de lo mejor de ese género equívoco e impreciso que está en la cresta de la ola.

Horario: de 20 a 2.30h. madrugada. Viernes y sábado hasta las 4h.
Horario cocina: de 20 a 00.30h.
Cerrado: lunes
Precios: refresco, 375 ptas.
Cerveza, 500 ptas.
Copas, 800 ptas.
Precio medio cena: 2.500 ptas.

Confidencial

Cenar en Salsitas es todo un espectáculo de público y de ambiente, además, se come muy bien a un precio correcto. Pero, eso sí, es bullicioso, agitado, las mesas están muy juntas y hay poca intimidad.
Los domingos, de 20 a 2h., *tea dance*, un té bailable dirigido a gente de 18 a 30 años y orientación gay.

Sant Domènec del Call, 4
(entre Pl. Sant Jaume y La Catedral)
08002 Barcelona
Zona peatonal
Párking en la Catedral

Salterío

Los últimos hippys

Horario: de 18 a 2h.
Domingos, hasta 1h.
Cerrado: lunes
Vacaciones: agosto
Precios: tés e infusiones, 300 ptas. Batidos de frutas, 600 ptas.
Cerveza, 300 ptas.
Copa, 400 ptas. Tapas, 400 ptas.
Sardos, entre 900 y 1.100 ptas.
No se aceptan tarjetas de crédito

Escondido en una callecita húmeda y oscura del Barri Gòtic, sin rótulo en la puerta ni señal que lo identifique, el Salterío (antes conocido por El Mesón del Peregrino), es un lugar tranquilísimo, místico y marginal. Una cueva de piedra, con farolillos, mesitas bajas y poca luz, donde se toman tés, infusiones y algunas especialidades de cocina turca que se preparan en la barra, sin prisas, de una en una y con respeto, como si se tratara de un ritual.

Cincuenta variedades de tés, muchos de ellos elaborados en el mismo Salterío, entre los que sobresale el yogui té, el té verde y el de pimienta negra, o las infusiones de romero y de regaliz, acompañadas de pastelitos orientales o tartas caseras. Además, ensaladas y sardos (algo parecido al pan de pizza) con ingredientes diversos. Para beber, batidos de fruta y buen vino.

Confidencial

Candoroso, idealista y precario, el Salterío tiene también algo de mágico que encandila. Pequeños grupos de chicas, en plan de confidencia tranquila, son habituales en este lugar que también frecuentan parejitas jóvenes y visiblemente enamoradas.

Sándor

De rancio abolengo

Plaça Francesc Macià, 5
(en la Diagonal, lado montaña)
08021 Barcelona
Tel. 93 200 81 08
Párking subterráneo
en Avda. Pau Casals

Es un clásico, estratégico, soleado y arrogante reducto del más rancio abolengo, que mantiene una clientela trajeada, aristocrática, elegante y madura, sin sustitución generacional. Su época gloriosa fue cuando la plaza era de Calvo Sotelo, y del Generalísimo la Diagonal. Pero el Sándor, con el servicio profesional y de siempre, ubicado en una curva señorial, lugar de paso imprescindible de una fauna enjoyada y de altos vuelos, sigue siendo un puntal en la vida de la ciudad.

Para ver y para ser visto, para disfrutar del sol, para degustar Dry Martinis impecables acompañados de unas chips como Dios manda, para leer el periódico, para cerrar negocios importantes o sencillamente para que le limpien a uno los zapatos. Antonio, el limpia, es una verdadera institución, 12 horas al día, 30 años en el puesto, dando lustre al calzado, con o sin conversación y a gusto del consumidor. Una fuente de información inigualable sobre la evolución del barrio y la de los clientes.

Horario: de 9 a 1h.
Viernes y sábados, hasta las 2h.
Horario comida: de 13 a 1h.
Precios: café, 250 ptas.
Café con leche, 300 ptas.
Refresco, 400 ptas.
Dry Martini, 550 ptas.

Confidencial

En horario ininterrumpido y durante todo el día, en la terraza y en el interior, se puede comer el clásico Entrecote Café de París, con la salsa auténtica y llegada directamente del famoso café de Ginebra, ensalada, patatas fritas, vino, postre y café. Todo por 3.200 ptas. Excelente.

Santa Fe de Nou Mèxic, 15
(esquina Pl. Sant Gregori
Taumaturg)
08021 Barcelona
Tel. 93 201 55 07
Párking delante y gratuito
para los clientes

Semonou

Excelentes intenciones

Horario: de 9.30 a 23h.
Horario cocina: de 9.30 a 23h.
Cerrado: domingos
Vacaciones: agosto
Precios: café, 200 ptas.
Café con leche, 225 ptas.
Té, 300 ptas. Bollería,
100 a 175 ptas.
Sándwiches, 200 a 600 ptas.
Zumos, 300 a 500 ptas.
Chocolate, 400 ptas.
Precio menú dietético
mediodía: 3.500 ptas.
Precio medio carta
mediodía: 4.000 ptas.
Precio medio carta
cena: 8.000 ptas.

Confidencial

Imprescindibles de Semonou. Desayunos especiales para hombres corpulentos: huevos fritos con chistorra o con beicon. Menú femenino y dietético al mediodía (800 calorías). Carro de carnes y sorpresas de cuchara. Los nidos de la casa y las noches de caviar. Vinos y champagnes a copas y climatizador de vinos a la entrada a disposición de los clientes.

Elegante, discreto en las formas y soberbio en el contenido, trato personalizado y servicio de campanillas. Son las reglas y el estilo de esta casa transmitidas ahora a la nueva brasserie, Semon 9, un local más joven que L'Indret y abierto de par en par a la calle, pero que recoge su misma oferta y filosofía.

Diseñado en blanco y negro, riguroso, estricto y con un lujo añadido que se presiente pero que no se ve. Luminoso durante el día, recogido en tonos violetas al anochecer, y lleno pero sin agobios a todas horas de un público exigente y con pedigrí que aprecia los detalles. Desayunos de élite, aperitivos de buen tono, almuerzos atractivos, meriendas con glamour, cenas sofisticadas y carísimas. Todo con el sello y la garantía de una casa conocida que no necesita presentación.

Sherlock Holmes

Temático

Copèrnic, 42 (junto a la Plaça Adrià, entre Santaló y Vallmajor)
08021 Barcelona
Tel. 93 414 21 84
Párking en c/ Santaló

No somos partidarios de los locales temáticos, pero siempre hay alguna excepción. Sherlock Holmes es un pub con genuino sabor británico, madera noble, altillo y mil rincones y salitas ambientadas en la onda del famoso detective para descubrir y sonreír. Se inauguró a principios de los setenta, inspirado en los pubs extranjeros y pensado para gente de aquí. Ahora, recién pintadito en amarillo y verde, con renovados terciopelos, cueros y el mismo *look*, el Sherlock Holmes, es (fines de semana al margen) un pacífico, discreto, entrañable y curioso local, en donde hay música, cervezas y algo de picar hasta las tantas de la madrugada.

Catorce variedades de cervezas importadas de todo el mundo (killkeny, judas y paulaner), cócteles propios como el Hell on London (cerveza, menta y limón) y cafés especiales como el Sherlock Holmes (Grand Marnier amarillo, café y nata). Sándwiches fríos, calientes, especiales y el plato de la casa: hamburguesa, huevo frito, queso, lechuga, tomate y mayonesa.

Horario: de 18 a 2.30h.
Viernes y sábados, hasta las 3h.
Horario cocina: de 18 a 2h.
Precios: café, 175 ptas.
Refrescos y cervezas, 400 ptas.
Copas, 700 ptas.
Bocadillos, entre 350 y 400 ptas.
Platos combinados, 450 ptas.

Confidencial

Es ingenuo, por supuesto, pero tiene su gracia, departamentos de tren sólo para dos y bien avenidos, escaleras de caracol, espacios laberínticos, boxes de madera... todo tan pequeño y compacto que son inevitables los roces, las caricias o las confidencias a distancia corta.

Schilling

Café créme

Ferran, 23 (cerca de La Rambla)
08002 Barcelona
Tel. 93 317 67 87
Párking en La Rambla

Horario: de 10 a 3h.
Domingo, de 11.30h. a 3h.
Precios: café, 110 ptas.
Café con leche, 130 ptas.
Desayuno simple, 300 ptas.
Cerveza, 295 ptas.
Combinado, 700 ptas.
Bocadillo, 325 ptas.
Tarta, 475 ptas.

Una antigua armería de la calle Ferran, reconvertida en café, que en sólo cuatro años ha adquirido ya esa pátina y categoría de clásico. Madera oscura, gran barra y mesas de mármol, seis vitrinas de arte abiertas a la calle y un espacio amplio, novedoso y *piji-hippy*, con chispa, y ciertos toques de genialidad que bien podría situarse en pleno Soho neoyorquino. El público que anima el local a todas horas suele ser extravagante en las formas y absolutamente correcto en el trato, se respira un clima tranquilo y liberal, en definitiva, un interesante escaparate de las modas y las gentes que circulan por la parte baja de la ciudad.

Música clásica y suave por las mañanas, con desayunos rápidos, muchas mujeres, funcionarios del Ayuntamiento y estudiantes solitarios o en grupo. Las tardes son predominantemente gays, y a partir de las 20.30h. se bajan las luces, cambia el ritmo de la música y empieza el ambiente *fashion* y nocturno. Siempre con tentadores pasteles caseros, sofisticados paninis italianos y exquisita carta de helados (limón verde con jengibre, manzana verde o chocolate con naranja).

Confidencial

El Schilling lleva la firma de Adrián Matheu, Sandra Torruella e Isabel López (él es el dueño, ellas lo diseñaron), el mismo equipo que está trabajando en un nuevo local que se abrirá muy pronto en Muntaner-Diagonal, un café pequeño y confortable que, sin lugar a dudas, dará que hablar.

Sirvent

Legítimos de Xixona

Parlament, 56
(junto a Rda. Sant Pau)
08015 Barcelona
Tel. 93 441 27 20
Párking en c/ Manso

Sin lugar a dudas, la mejor horchata de la ciudad, con chufa llegada directamente de Xixona y fabricada por una familia de largo historial detrás. Los Sirvent llevan 80 años a pie de barra, primero en la Plaça de Santa Catalina y, desde el 43, en la calle Parlament. Empezó el bisabuelo en carrito y vendiendo helados por el mundo, nada más y nada menos que en Francia y en Argel. Su hijo recaló en Barcelona en el año 20 y hoy es el nieto, Tomás Sirvent, quien capitanea el floreciente negocio con la ayuda de 7 miembros de la familia, bisnietos y tataranietos. Las raíces están siempre en Xixona y el producto lo consideran ellos totalmente estacional, horchata y helados sólo de abril a noviembre, turrones en Navidad. El resto del año prefieren cerrar.

Hay helados artesanales de 20 sabores distintos, muy recomendables el de turrón de Xixona o el de vainilla con nueces. Granizados de limón, fresa, piña, naranja, café o leche merengada. Horchata fresca y espléndidas combinaciones de sus variados productos. No hay que dejar de probar el «cubano» (horchata con una bola de vainilla o de café).

Horario: de 8.30 a 1.30h.
Vacaciones: del 7 de enero al 1 de abril
Precios: vaso grande de horchata, 150 ptas. 1 litro: 375 ptas.
Cucurucho grande de helado: 250 ptas. 1 litro: 750 ptas.

Confidencial

Dos locales que se comunican, gran barra y un ejército de camareras detrás. Ni mesas, ni terraza, los helados y la horchata, se degustan de pie y la tertulia se organiza en la calle. Siempre está a tope, paseantes sedientos y glotones, golosos, sibaritas, horchateros empedernidos y demás. Manolo Vázquez Montalbán es, dicen, uno de sus mejores clientes.

Avinyó, 24
(cerca de c/ Escudellers)
08002 Barcelona
Tel. 93 342 45 29
Párking en c/ Ample

Soda

Remix 2.000

Horario: de 11 a 2h. madrugada
Precios: café, 120 ptas.
Café con leche, 150 ptas.
Croissant, 125 ptas.
Pasteles, 400 ptas.
Sándwiches, 350 ptas.
Ensaladas, 425 ptas.
Precio medio cena: 2.000 ptas.
Combinado, 700 ptas.
Cóctel, 800 ptas.

Acaba de abrir en el barrio antiguo y ya se puede considerar un éxito. Su oferta es completa e innovadora: *boutique* más o menos alternativa y marcas de jóvenes diseñadores europeos, a la entrada, café-bar al fondo, un espacio amplio, luminoso y minimalista, con algunos muebles que son todo un resumen de diferentes estilos y diseños de las últimas décadas, un mix muy años noventa con buena música, *ambient, trip-hot, lounge,* y proyecciones en las paredes de diapositivas de obras de artistas.

Soda abre como café a la 11h. de la mañana, y su barra se nutre de dulces opciones llegadas directamente de la pastelería Xocoa. Al mediodía, sándwiches sofisticados, en la línea de pan de semillas con champiñones crudos, aguacate y salsa de soja, y ensaldas cuidadas con varios ingredientes y aliños a elegir. Por la noche, una pequeña carta de platos de cocina internacional, mexicana, oriental o hindú, en donde se mezclan nuevos ingredientes, combinaciones y especias. Sopa tarasca, pasta con crema de calabaza y queso azul o pollo con mole y pipián.

Confidencial

Disc jockey de la casa a partir de las 21h., y después de la cena, se abre la barra de cócteles hasta las 2h. de la madrugada. El mojito, la caipirinha, el ruso blanco y el margarita, son los básicos de Soda.

Sol Soler

Tapas vegetarianas

Plaça del Sol, 13 (en Gràcia, por encima de Travessera de Gràcia)
08012 Barcelona
Tel. 93 217 44 40
Párking en la misma plaza

Un nuevo concepto de comida en Gràcia, le llaman tapas vegetarianas, pero en realidad es un conjunto de pasteles de verduras, quiches, ensaladas, tabulé, tortillas y tartas dulces, que se colocan en el mostrador para que los clientes elijan directamente. No hay carta ni precios a la vista, y las raciones suelen ser más bien escasas, pero la fórmula funciona y, en sólo cinco años, Sol Soler se ha consolidado como uno de los locales más especiales y concurridos de esta plaza. Es a la vez café, salón de té y restaurante de cenas ligeras, sin normas fijas ni horarios, y sus incondicionales son, sobre todo, jóvenes, estudiantes y cinéfilos, gente tranquila y charlatana, sin excesos, simplemente algún que otro canuto para celebrar una velada que puede prolongarse hasta tarde.

El local, abierto a la plaza por una gran cristalera, está ambientado al estilo de un viejo café de Gràcia, con mosaico de colores en el suelo típico de las viviendas del Eixample, vigas y arrimadero de madera, espejos, veladores de mármol con pie de hierro y velitas en las mesas. Todo en su punto justo para no desentonar.

Horario: de 19 a 2.30h.
Sábados y domingos, de 12 a 2.30h.
Horario cocina: a partir de las 20h.
Precios: café, 150 ptas.
Refresco, 250 ptas.
Cerveza, 275 ptas.
Tapas, entre 275 y 400 ptas.

Confidencial

Las tapas vegetarianas que propone Sol Soler tienen también sus pequeñas trampas, como esas alitas de pollo, riquísimas, que se han convertido en la especialidad de la casa.

Suborn

Off Born-Way

Ribera, 18 (junto a Passeig de Picasso, frente al Parc de la Ciutadella)
08003 Barcelona
Tel. 93 310 11 10
Párking en el Pg. de Picasso

Horario: de 9 a 2.30h.
Viernes, hasta las 3h.
Sábados, de 12 a 3h.
Domingos, de 12 a 2.30h.
Horario comida mediodía: de 14 a 16h.
Horario cena: de 20.30 a 0.30h.
Cerrado: lunes
Precios: café, 125 ptas.
Café con leche, 150 ptas.
Pasta, 125 ptas.
Refresco, 300 ptas.
Cerveza, 300 ptas.
Cubata, 800 ptas.
Precio menú mediodía: 1.250 ptas.
Precio medio carta: 2.500 ptas.

Una opción segura para cualquier hora del día en la periferia del Passeig del Born. Se trata de un antiguo bar del barrio reconvertido ahora en un local polivalente, en donde se alterna la oferta diurna de desayunos, tapas y comidas con una agitada e intensa vida nocturna que congrega a una fauna variada, de una modernidad más bien tranquila y que roza la treintena.

El menú del mediodía lleva la firma de Mertxe, una chef especializada en sabores caseros como las albóndigas, los calamares rellenos y otros guisos elaborados con productos de mercado. Por la noche, la carta es más ligera y moderna, con humus, ensaladas y carpaccios, consumidos en informales sesiones «audiogustativas» que mezclan sabor y sonido en un mismo espacio. Tras la cena, se levantan las cortinas, se retiran las mesas, y el comedor se integra a la barra, transformándose todo el espacio en un estridente bar de copas y musical.

Confidencial

El Suborn dispone también de una agradable terraza bajo los porches del Passeig Colón abierta todo el día que, los domingos de verano, se convierte en un *chill-out* con *dj's* para pasar la tarde. Periódicamente se organizan campeonatos de backgamon y pases de cortometrajes de directores noveles.

Taxidermista...

El gran café

Plaça Reial, 8 (al fondo de la plaza, esquina c/ Vidre)
08002 Barcelona
Tel. 93 412 45 36
Zona peatonal
Párking en La Rambla

Un espacio magnífico bajo los porches de la Plaça Reial, en 1860 lo ocupó el Café Español y más tarde, en 1889, el Museo de Ciencias Naturales, popularmente conocido como el Taxidermista. Ahora, tras una rehabilitación impecable firmada por Beth Galí, el local se ha reconvertido de nuevo en Café, con mayúscula y al estilo de los mejores de París, pero con personalidad propia. Las mismas columnas de hierro con capiteles, el mismo suelo de mármol en blanco y negro, el mismo techo artesonado repintado a la italiana, bancos ergonómicos y luces de diseño. Tres pisos y privilegiada terraza con todo ese imparable bullicio de la plaza como espectáculo: músicos, titiriteros, turistas, mendigos, polis, yonquis, perros...

En el Taxidermista la clientela es guapa, intelectual, cosmopolita y exigente. El local abre a las 10h. de la mañana y funciona ininterrumpidamente hasta las 2.30h. de la madrugada con cafés, pastas, bocadillos, tapas, refrescos y carta de cocina mediterránea, todo a cualquier hora y a gusto del cliente. De sus calamares, salmón mariscado y patatas bravas, ya se habla. Por la tarde, los más sofisticados apuestan por el chocolate caliente o el helado de té verde y también el de jengibre.

Horario: de 10 a 2.30h.
Horario de cocina:
de 10 a 2.30h.
Cerrado: lunes
Precios: café, 115 ptas.
Café con leche, 160 ptas.
Refresco, 210 ptas.
Desayuno simple, 300 ptas.
Menú mediodía: 975 y 1.200 ptas.
Precio medio surtido de tapas:
1.500 ptas.

Confidencial

El Café Español, que ya existía en este local, en 1860, fue célebre por servir los mejores helados de Barcelona. Pedro Llibre, prestigioso confitero, solía encargarlos allí en las grandes ocasiones.
Desde hace poco, sesiones de jazz en directo programadas por la sección de jazz del Pipa Club.

Maspons, 11 (en Gràcia, junto a la Plaça del Sol)
08012 Barcelona
Tel. 93 218 71 84
Párking en Plaça del Sol

Tetería Jazmín

La Medina de Gràcia

Horario: de 18 a 2h.
Cerrado: lunes
Vacaciones: 15 días en septiembre
Precios: tés e infusiones, 350 ptas.
Precio medio comida, 1.500 a 2.000 ptas.
No se aceptan tarjetas de crédito

Confidencial

La especialidad de la casa es el té de menta con piñones, una exquisitez que no existe en el resto de los cafés y locales de la ciudad y que se convierte en un buen reclamo para adictos y *connaiseurs*.

Una mezcla de sabores, olores, colores y otras sensaciones orientales trasladadas a Gràcia desde cualquier mediana árabe. Jazmín es una tetería bien acondicionada, con todos los tópicos y típicos, cojines, esteras, alfombras, mesas de cobre, farolillos, velas, esencias y demás *gadges* exóticos necesarios que proporcionan la ambientación adecuada para desarrollar el ritual, tomar el té y otras especialidades de comida árabes.

Más de veinte variedades de tés e infusiones como el jengibre, la melisa, el anís, la menta o la camomila, servidos en auténticas teteras orientales y vasitos tunecinos, y acompañados de hojaldres dulces y pastelitos árabes.

Además, una carta con especialidades típicas del Magreb para la cena, homous, puré de berenjenas o cous-cous, que se pueden degustar en las mesas del fondo del local.

The Bagels

Nuevos gustos

Via Laietana, 32
(esquina Plaça de la Catedral)
08003 Barcelona
Tel. 93 319 15 54
Párking en la Plaça de la Catedral

El logotipo sugiere un *fast-foot*, pero lo cierto es que en el interior no hay plásticos ni comida basura, sólo productos frescos, muy seleccionados y de alta calidad, en un entorno limpio y cosmopolita en donde suena buena música desde primera hora de la mañana. La especialidad de la casa son los bagels, esos panecillos redondos, salados y blandos de textura que ya han hecho historia en Nueva York. Son los auténticos, recién horneados, sin aditivos ni conservantes, con un alto contenido proteínico y sin colesterol. Los hay de 7 tipos distintos, desde el clásico al integral, con semillas, con canela y pasas, de sésamo, de cebolla o de tomate y oliva. Los ingredientes, hay 10 para elegir, se combinan a gusto del consumidor, desde el más clásico, el de queso cremoso, hasta el de caviar iraní, una *delicatessen* con bagel que le costará 3.645 ptas.

Además, una línea de pastelería casera americana: brownies y muffins. Batidos de frutas frescas con zumo de naranja o yogur, y para comer, ensaladas muy elaboradas y con ocho ingredientes cada una. La propuesta es nueva en la ciudad y está ganando adeptos.

Horario: de lunes a viernes, de 8.30 a 23h.
Sábados y domingos, de 10 a 23h.
Precios: café, 120 ptas.
Café con leche, 150 ptas.
Croissant, 130 ptas.
Mini bagel, 150 ptas.
Zumo de naranja natural, 350 ptas. Batido de frutas, 390 ptas. Bagels, entre 400 y 600 ptas. Ensalada, entre 350 y 500 ptas.

Confidencial

Para desayunar, sugerimos un mini bagel tostado con mermelada y un batido de frutas. Para comer, un bagel con roast-beef, lechuga, tomate, cebollino y salsa tártara. Para merendar, un muffin y un café con leche. Y para cenar, antes de ir a un espectáculo y al horario europeo, estaría bien tomarse una ensalada de pollo y un bagel Nórdic con salmón ahumado, queso cremoso y eneldo fresco.

Creu dels Molers, 17 (Poble Sec junto Avda. Paral·lel y cerca c/ Parlament)
08004 Barcelona
Tel. 93 443 32 43
Párking en Rda. Sant Pau

Tinta Roja

Tango bar

Horario: de 19 a 1h. Viernes y sábados, hasta las 3h.
Horario espectáculo: viernes y sábados 0.30h.
Precios: café, 200 ptas.
Refrescos y cervezas, 350 ptas.
Chupitos, 400 ptas.
Copas, entre 800 y 1.200 ptas.
Tapas, entre 500 y 600 ptas.
Precio entrada espectáculo + consumición: 1.500 ptas.

No se lo pierdan pero tampoco corran la voz, Tinta Roja es un hallazgo, un local mágico y con personalidad que conviene reservar sólo para iniciados. Se abrió hace menos de dos años gracias al titánico esfuerzo y la arrolladora ilusión de Hugo Zubillaga y Carmen Cubero, una pareja de artistas que aquí reciben, atienden, bailan, cantan y se entregan a la labor con todo el cariño y en cuerpo y alma. El local lo hicieron ellos mismos, con sus manos, a base de recoger cosas y cachibaches en plan bestia, recuperarlos, restaurarlos y cambiarles el sentido hasta encontrarles la chispa y redimensionarlos. El resultado es insólito, tan decadente, anacrónico y auténtico como si siempre hubiera estado ahí. Pintado en verde y granate, lucecitas de colores, sillas, espacios íntimos, cortinajes y un pequeño teatro que recoge ese clima de fiesta y de misterio que tienen los viejos cabarets y cafetines de Buenos Aires.

Tango, espectáculos, música en directo, baile y tertulia. Bebidas argentinas (caña legui, licor dulce de leche, mate, chupitos), tapas y tartas (empanadas argentinas, alfajores, tarta de chocolate con oporto y dulce de leche y coco).

Confidencial

Viernes y sábados, a las 0.30h., empieza el espectáculo. Tango, fusión de flamenco y jazz, música brasileira y cantautores argentinos. Los jueves, zarzuela, y domingos por la tarde, clases de tango.
El local se alquila para fiestas o espectáculos privados y de pequeño formato.

Tirsa

Técnicamente perfecto

Rafael Campalans, 174 (saliendo de Barcelona por Trav. de les Corts a c/ de Collblanc y se enlaza ya con el nº 1 de esta calle)
08903 L'Hospitalet del Llobregat
Tel. 93 431 23 02

A sólo dos travesías de la frontera con Barcelona, pero en el término municipal de l'Hospitalet, el Tirsa está subrayado, y con signos de admiración, en los directorios secretos de los grandes *connaisseurs*. Un local íntimo y agradable, de precio normal, servicio impecable y con coctelería clásica adaptada al gusto del cliente. Manel es el maestro, el último romántico de un oficio que ejerce con dignidad y un amor que quita el hipo. Fue su padre, Manel Tirvió Sales, quien abrió este local hace 40 años como bar de día, e inculcó a su hijo la profesionalidad y la calidad del producto. Lo demás (sabe muchísimo) lo aprendió Manel por su cuenta a base de empollarse un montón de libros, frecuentar las mejores coctelerías del mundo como cliente y trabajar en varias. En el 80, tras formar parte de los inicios del Gimlet de la calle Rec, decidió transformar poco a poco su Tirsa en coctelería, cambiando no sólo la decoración sino también los hábitos de la parroquia.

Es el bar más elegante de l'Hospitalet, frecuentado por gente trabajadora y de barrio, políticos locales y algunos incondicionales de la gran ciudad que suelen llegarse aquí en taxi para evitarse problemas de aparcamiento.

Párking: difícil, el más cercano es el del mercado de Collblanc, a 10 minutos andando
Horario: de 18.30 a 2h.
Viernes y sábados, hasta 3h.
Domingo, de 18.30 a 24h.
Precios: entre 350 y 800 ptas.

Confidencial

No hay carta, Manel es un artista y a partir de dos o más bebidas buenas siempre encuentra otra mejor y personalizada a los gustos del cliente. El Tirsa, un cóctel técnicamente perfecto, es una de sus creaciones. Para los sin alcohol, recomendamos el Lady Sour.

Muntaner, 361 (casi esquina con Via Augusta)
08021 Barcelona
Tel. 93 209 19 80
Párking zona azul en Muntaner y párking en c/ Rector Ubach

Tívoli

Barra con experiencia

Horario: de 8 a 21h.
Horario comida: de 13.30 a 15.30h
Precios: café, 140 ptas.
Café con leche, 190 ptas.
Pastas, 115 ptas.
Refresco, 265 ptas.
Sándwiches, entre 220 y 350 ptas.
Tartaletas, 160 ptas.
Montaditos, 170 ptas.
Copa de vino, desde 145 ptas.
Copa de cava, 380 ptas.
Precio medio comida: entre 1.500 y 2.600 ptas.

Confidencial

En octubre, Tívoli tiene previsto abrir un moderno salón de degustación en la misma zona, organizado en espacios temáticos: caviar, salmón, foie y jamón ibérico, cócteles y aperitivos.

Sesenta años lleva ya la familia Sadurní Val al frente del Tívoli, un establecimiento con solera y apreciado por los auténticos *gourmets.* Pastelería, charcutería selecta especializada en quesos, caviar iraní, foie, ibéricos y platos de cocina preparada para llevar.

Al fondo, la cafetería-snack, es un espacio pequeño pero que no tiene desperdicio. Siempre está lleno, y su barra es de prestigio tanto por la clientela que la frecuenta como por la calidad del producto que se consume. Un bufet para dividir el espacio, con minibocadillos de todas clases, bollería, tartaletas saladas y dulces, pastelillos y frivolités, a disposición de los clientes a cualquier hora del día. Carta al mediodía con unos cuantos platos de cocina para almorzar y vinos a copas, gran surtido de tintos, blancos y rosados de la región que se renuevan continuamente, y dos marcas de cava y champagne francés. La barra resulta agradable y las mesas del restaurante también, a pesar de estar muy juntas. El servicio es profesional y entendido en el asunto.

Torre de los Leones

Lejos del mundanal ruido

Plaça Doña Carolina, 1 y 3
(en Ciudad Diagonal, a 5 minutos
de Plaça Francesc Macià)
Espluges del Llobregat
Tel. 93 371 90 12
Párking delante sin problemas

A sólo cinco minutos del centro de Barcelona, dos opciones en un mismo espacio que merecen destacarse. Primera: sol, amplia terraza ajardinada y oasis de paz, o segunda opción, muy distinta: scotch-bar de ambiente inglés y discreto para encuentros de achuche que deseen realizarse en la intimidad.

Una gran casa pairal del siglo XIV, dedicada a la hostelería con dos enormes espacios verdes y bien ajardinados para tomar el aperitivo al sol o leer el periódico con tranquilidad, todo un lujo que no hay que despreciar en los tiempos que corren. Los fines de semana se llena de familias, niños, parejas y demás.

Para los encuentros íntimos de invierno, la Torre de los Leones ofrece su scotch-bar, todo en cuero y madera, con música ambiente, copas reposadas y discretas.

Horario: de lunes a jueves,
de 14 a 22h.
Viernes, de 14 a 3.30h.
Sabado, de 12 a 3.30h.
Domingo, de 12 a 22h.
Precios: refrescos y cervezas,
350 ptas. Café, 350 ptas.
Copas, 1.300 ptas.
Bocadillos, entre 350 y 450 ptas.

Confidencial

La Torre de los Leones dispone de cátering propio y la casa se cierra para cenas y fiestas privadas que pueden realizarse en alguna de las salas o también en el jardín. El conjunto es espléndido.

Passatge de la Concepció, 5 (entre Pg. de Gràcia y Rambla de Catalunya)
08008 Barcelona
Tel. 93 487 06 21 - 93 487 01 96
Párking: hay varios en la zona

Tragabar

Otra luz

Horario bar: de 12.30 a 1h.
Horario tapas: de 20 a 1h.
Precios: té con pasta, 500 ptas.
Taza de caldo, 350 ptas.
Copa de vino, entre 300 y 400 ptas.
Precio medio tapa, 500 ptas.
Precio medio cena/picoteo, entre 2.000 y 4.000 ptas.

Es el último tanto que acaba de apuntarse el Tragaluz, y vendrán más, porque este grupo tiene fuerza y un montón de sonoros proyectos para el próximo invierno. De momento, tras trasladar El Japonés al otro lado de la calle, han habilitado la planta baja del restaurante como café y bar de tapas. Un doble acierto para el grupo y una buena noticia para ejecutivos de la zona y otros habituales del Eixample, por fin un entorno adecuado, agradable, de buen gusto, elegante incluso, abierto durante todo el día en el Passatge de la Concepció, (próximamente también desayunos).

Aperitivos al mediodía, salón de té por la tarde y picoteo selecto a partir de las 20h. con tapas de cocina caliente en plato pequeño, imaginativas, actuales y razonablemente económicas, como todo lo que lleva la marca de la casa. Blinis con caviar, patatas estrelladas con sobrasada y huevo, tortilla de bechamel con sofrito de tomate o brochetas con trinxat de coliflor. Recomendamos especialmente el platillo de cordero asado y deshuesado, es excelente. Los postres son también en pequeño formato.

Confidencial

Un caldito caliente al jerez con pastas saladas, es la propuesta de Tragamar para el aperitivo. Por la tarde, extensa carta de tés, pastas y tartas de la casa. La opción del picoteo nocturno viene de perlas para una cena informal antes o después del espectáculo.

Tres Torres

Ambiente selecto

Via Augusta, 300
(esquina Los Vergós)
08017 Barcelona
Tel. 93 205 10 37
Párking por los alrededores

Ambiente selecto, buenas copas y fantástico local situado una de las zonas más nobles y residenciales de la ciudad. Lo creó, con todo lujo de detalles, Luis Sardá y tras pasar por diversas etapas, manos y dueños, conserva todavía el encanto chic de sus inicios.

Ubicado en una de las poquísimas torres modernistas que han sobrevivido a la piqueta en este barrio, el Tres Torres es ya un clásico referente de esa nocturnidad tranquila y educada de la zona alta. Grupos y parejas, gente de a diario, bien y normalísima, fieles representantes de una burguesía ilustrada y sin pretensiones de *glamour*, son hoy los habituales de este local en donde, gracias a sus diversos ambientes, se puede disfrutar de una copa con charleta entre amigos o aventurarse por caminos más dinámicos y escaparse a bailar a la pista.

De entrada, una gran terraza-jardín con chiringuito, abierta también en invierno gracias a potentes calefactores, todo a punto para tomarse un mojito bajo la palmera centenaria disfrazada perenemente de Navidad. Dentro, en la planta baja, un bar acogedor, con chimena, luz cálida y conversaciones íntimas junto a la barra, y en el piso alto, marcha de discoteca con ventanas abiertas a la calle.

Horario: de 19 a 3h.
Cerrado: domingo
Precios: cervezas, 425 ptas.
Combinado, 850 ptas.
Whisky, de 900 a 1.100 ptas.

Confidencial

El Tres Torres no es un local evidente, tiene rincones mágicos y hay que descubrirlos. El mejor para enamorarse está en la terraza del piso alto con vistas al jardín.

Los cócteles y combinados son la especialidad de la casa: Dry Martini, Gin Fizz, Alexandra, Whisky Sour, y también mojitos, piña colada y coco-locos en la barra del chiringuito.

Marià Cubí, 184 (esquina Amigó)
08021 Barcelona
Tel. 93 201 35 96
Párking en c/ Calvet

Universal

Nueva etapa

Horario: de 22 a 3.30h. Viernes y sábados, hasta las 4.30h.
Precios: refrescos y cervezas, 600 ptas.
Combinado, 1.000 ptas.

Dos ambientes y dos niveles, arriba y abajo, como bien manda la tradición de los mejores locales de la ciudad. Evidentemente, el Universal es un espléndido local, innovador, vanguardista, perfecto... todo un lujazo que hay que visitar de vez en cuando aunque ni la edad ni el público nos correspondan. Para recordar viejos tiempos, para comparar, y porque remodelado hace unos años por la gran Pilar Líbano, sigue siendo un punto de referencia nocturno, un lugar exitoso que congrega a gente joven, moderna y con *glamour*.

Una torre amplia y señorial, de dos pisos, escalera impactante, varias entradas, cinco o seis porteros resguardándolas y una marabunta de gente, todos jóvenes y guapos, dispuestos a entrar. En el primer piso, el Universal Café, un salón mágico y confortable, con muchas cortinas, terciopelos y luz adecuada para tomar copas a ritmo de acid-jazz y algo de house suave. La parte de abajo (sólo abre de jueves a sábado) es un gran espacio roto en diagonal por la barra que, bajo los influjos del color rojo, y animado por el disk jockey David Bass, congrega un público joven, preocupado por su imagen y con ganas de bailar.

Confidencial

La parte de abajo, con música house, se anima fácil y rápido. Arriba hay, sobre todo, mucha conversación, pero Xato Domènech, el *dj* de este espacio, es un veterano que sabe cómo y cuándo hacer bailar a sus huéspedes. Al final de la noche los ambientes se confunden, unos suben y otros bajan, conectan, ligan incluso, y todos bailan.

Va de vi

Buena añada

Banys Vells, 16
(cerca de Santa Maria del Mar,
entre c/ Argenteria y Montcada)
08003 Barcelona
Tel. 93 319 29 00
Párking: Princesa esquina
Via Laietana o en el Born

Josep Maria Cases, pintor, escultor y artista de profesión, enólogo y *somelier* de vocación, es el alma mater de esta vinacoteca que nació hace apenas unos meses en el barrio la Ribera, con una cuidadísima selección de más de mil botellas de vino, cava y licores de diferentes partes del mundo. Chile, Argentina, Estados Unidos, Francia y, sobre todo, España están aquí representados con sus mejores marcas en sus mejores añadas a disposición de los paladares más exigentes.

El local, catalogado como monumento histórico artístico, con tres naves, arcadas y paredes de piedra milenaria, ambientado en plan bodega medieval, minimalista y severo, es un espacio inmenso en donde las mesas respiran sin agobios ni bullicio a la luz de las velas, con un algo solemne, como de iglesia.

Cata de vinos inmensos y, para acompañar, quesos, embutidos del país, sofisticadas tapas, bloc de foie de pato, cebollitas con vinagre balsámico o atún en aceite. De postre, vinos dulces, malvasía y caña de hojaldre con chocolate o pan con vino y azúcar.

Horario: de 12 a 1h.
Precios: copa de vino,
entre 140 y 900 ptas.
Botella, entre 1.000
y 12.000 ptas.
Whisky, a partir 600 ptas.
Quesos, entre 485 y 870 ptas.
Embutidos, entre 650 y 1.500 ptas.
Tapas, entre 300 y 600 ptas.
Precio medio comida o cena
a base de tapas: 2.500 ptas.

Confidencial

La casa propone una selección de vinos del mes para tomar a copas. El local tiene forma de cruz, con dos salas laterales, una de ellas con arcada visigótica. El resto de las tres arcadas que sostienen el edificio son románicas.
La rehabilitación del local ha respetado la construcción original consiguiendo un equilibrio prefecto entre la historia y su actual función.

Muntaner, 213
(esquina c/ Londres)
08036 Barcelona
Tel. 93 430 51 98
Párking en c/ Londres

Velódromo

Tradición a cubierto

Horario: de 6 a 2.30h.
Vísperas festivo, hasta las 3h.
Cerrado: domingos y festivos
Vacaciones: agosto
Precios: café, 100 ptas.
Café con leche, 120 ptas.
Croissant, 110 ptas.
Refresco, 150 ptas.
Cerveza, 150 ptas.
Bocadillos, 350 ptas.

Va camino de cumplir 90 años sin haber hecho reformas, nada de nada, ni tan siquiera una mano de pintura. Las paredes se desconcharon y oscurecieron con el tiempo, los bancos de sky se agujerearon, pero no importa, el Velódromo es un viejo café de barrio al que se le permite todo. Los clientes de siempre, jubilados ya, suelen llegar después de comer y se instalan en el altillo: café, copa, puro y partidita de dominó, lo clásico. También en el altillo, por las tardes, hay tertulias, fijas y antiguas. Pero si el Velódromo se ha salvado de la quema es gracias a los jóvenes que acuden a partir de medianoche a tomar copas y a jugar al billar, vienen muchos, cada día más, y los viernes y sábados no se puede ni pasar de la puerta.

No hay música, pero la televisión está permanentemente en marcha, a pesar de eso, el Velódromo es un bar en donde uno va para hablar, los techos son tan altos que ni el ruido ni el humo molestan.

Confidencial

Los fines de semana recogen gente que se va a acostar (la discoteca Luz de Gas está cerca). Llegan hambrientos y el Velódromo tiene, ya a primera hora de la mañana, un buen surtido de bocadillos y tapas clásicas: calamares, ensaladilla, tortilla de patatas, etc.

Virreina

Con gracia

Pl. Virreina, 1 (en Gràcia, cerca del cine Verdi)
08024 Barcelona
Tel. 93 237 98 80
Párking tres travesías más arriba, en c/ de la Providencia

El mar manda mucho, pero los viejos barrios resisten. El de Gràcia tiene su propia ruta que se inicia en las tertulias tranquilas de las terrazas, continúa por antiguas tabernas y se pierde en los locales de moda y a media luz. Es un itinerario ácrata, liberal y neohippy, surtido de buenos cines, teatros, cafés, cervezas y comidas exóticas, que tienen en esas plazas suyas, recoletas y pueblerinas, su principal aliado.

En la de la Virreina, una de las plazoletas más lindas del barrio, la antigua bodega, reciclada en bar, es un lugar especial, una especie de casino de pueblo, en donde se puede disfrutar de una terraza soleada durante el día y decididamente animada por la noche, con una oferta de copas y bocatas varios (el de pollo con champiñones y queso manchego es el mejor), que atrae a un público asiduo, de muchas edades y predispuesto a charlar. En el interior, exposiciones de pintores o fotógrafos del barrio que cambian de mes en mes.

Muy cerca, y en la misma onda, en la Plaça de la Revolució esquina Verdi, el Bar Canigó, uno de los más antiguos, sencillo y desconchado, pero con un ambiente estupendo.

Horario: de 10 a 1.30h.
Precios: café, 150 ptas.
Café con cleche, 200 ptas.
Croissant, 125 ptas.
Refresco, 200 ptas.
Cerveza, 250 ptas.
Combinado, 600 ptas.
Sándwiches, 425 ptas.

Confidencial

A tope los jueves, viernes, sábados y también los lunes por ser el día del espectador. Las multisalas Verdi y Verdi Park proporcionan a Gràcia un público joven y cinéfilo que con una buena película y un bocata tiene la noche solucionada.

Montcada, 22
(cerca del Pg. del Born)
08003 Barcelona
Tel. 93 319 70 03
Zona peatonal
Párking en el Pg. del Born

Xampanyet

Anchoas con pedigrí

Horario: de 12 a 16h.
y de 18.30 a 23.30h.
Cerrado: lunes todo el día, y festivos tarde
Vacaciones: agosto
Precios: vermut, 125 ptas.
Cerveza, 175 ptas.
Plato de anchoas, 320 ptas.
Almejas, hasta 500 ptas./unidad

Un bar del siglo pasado. Nació como bodega en 1872 y, desde 1920, son ya tres generaciones de una misma familia, los Estevet, que han pasado por aquí manteniéndose siempre fieles a las especialidades que dan fama y nombre al local, el vino gaseado y las anchoas de Cantabria, carnosas, grandes y bien aliñadas: una delicia. Además, excelentes tapas de conserva como berberechos, almejas, bacalao, atún ahumado con queso, ventresca de atún, y también, cecina de León, mojama de Huelva, queso zamorano y artesanal o tortilla de patatas. Para quienes hacen de este festival una comida completa, el Xampanyet se la remata con postres, hojaldre con crema catalana y carquinyolis. Como bebida, vermut a granel típico de la casa, sidra, vinos nacionales y cerveza tirada con profesionalidad.

El local es pequeño, con arrimadero de azulejos y atiborrado de colecciones diversas, fotografías y recuerdos. Una barra de mármol a la entrada y varias mesitas redondas en el interior, lleno de turistas (está frente al Museu Picasso y se recomienda en todas las guías), pero también de gente sencilla y del barrio, y de otros barceloneses que saben elegir bien su punto de destino.

Confidencial

Se habla, se comenta, quizá sea ya una realidad cuando esta guía salga a la luz: Juan Carlos, el dueño del Xampanyet, abre nuevo local, en la misma calle Montcada, con el gran Pep Manubens, de Cal Pep de la Plaça de les Olles, como socio. No se lo pierdan.

Xocoa

Paraíso de golosos

Petritxol, 11 (entre pl. del Pí
y c/ Portaferrisa)
08002 Barcelona
Tel. 93 301 11 97
Zona peatonal
Párking en La Rambla

Los de Xocoa son pasteleros y chocolateros por tradición centenaria, su zona de influencia estaba en la Barceloneta hasta que, hace 5 años, decidieron trasladarse aquí, en el Barri Gòtic y en una calle típica y tópica para tomarse un delicioso chocolate con nata a cualquier hora del día. Sin pretender hacer la competencia a nadie (la suya no es una granja clásica) han acabado por hacerse los amos. ¿El secreto?, un servicio joven y amable, un local enorme dividido en varios salones cálidos y, sobre todo, unos pasteles maravillosos a los que es imposible resistirse.

Su especialidad es el «ventall» con pasta fina de almendra y relleno de trufa de chocolate negro. También se puede degustar una amplia gama de pasteles de fruta, biscuit a la naranja, tarta tatín o un delicioso pastel de praliné y chocolate. Ni flanes ni yogurs, por algo le llaman la granja moderna en el barrio, pero sirven un chocolate con nata y melindros de esos de toda la vida y un café con leche bueno de verdad. Además, y para quien quiera hacer aquí una comida simple y rápida, sándwiches vegetales e imaginativos con pan de sésamo y ensaladas variadas con diferentes tipos de lechuga y dos buenas vinagretas a escoger.

Horario: de 9 a 21h.
Precios: café, 120 ptas.
Café con leche, 150 ptas.
Chocolate, 350 ptas.
Suizo, 405 ptas.
Pasteles, 425 ptas./ ración
Sándwich, 350 ptas.
Ensaladas, 425 ptas.

Confidencial

Venta de pastelería, indispensable para los sibaritas del chocolate. Las mejores mesas del local son las de la entrada con vistas a la calle Petritxol. El establecimiento continúa en el interior con 4 salones más, cálidos y bien dispuestos. Se puede hablar y hacer tertulia en grupo.

Zig-zag

Incombustible

Plató, 13 (entre Santaló y Muntaner)
08006 Barcelona
Tel. 93 201 62 07
Párking al lado

Horario: de 22 a 2.30h.
Sábado y domingo hasta las 3h.
Precio cerveza, 500 ptas.
Copa, 800 ptas.

Un símbolo de aquella Barcelona nocturna de los ochenta, local pionero en la ruta del diseño que, tras atravesar diversas etapas, continúa tal cual. Nació hace 21 años, con una profesionalidad difícil de superar y a la sombra de su escuela surgieron más tarde otros locales también míticos en la ciudad: Bijou y Otto Zutz.

Estética a lo Tarantino, fría, tonos anaranjados y verdes, mesa de billar americano, copas y música negra, acid-jazz, funky, hip-hop y los grandes éxitos de la música disco cuidadosamente seleccionados. A pesar de no haber pista de baile, la marcha es irresistible.

Inaugurado en el 76, en el 80 recibió el Premio FAD de interiorismo por la reforma y la ampliación que realizó Alicia Núñez.

Confidencial

Local *fashion*, se pueden encontrar caras conocidas, y está frecuentado por modelos, deportistas famosos y artistas cotizados. Los días laborables, Zig-zag suele ser un espacio asequible, pero los fines de semana el llenazo es impresionante y llegar a la pista del fondo se convierte en todo un desafío.

Zoo

Flora y fauna

Escudellers, 33 (entre La Rambla y c/ Avinyó)
08002 Barcelona
Tel. 93 302 77 28
Párking: Escudellers esquina La Rambla

Un local especial, joven, divertido, con buena música y ambiente simpático, situado en una zona de marcha moderna y veinteañera, repleta de bares y restaurantes más o menos alternativos, la calle Escudellers. En el Zoo hay color, flores, animales, exposiciones, muebles de reciclaje diseñados por jóvenes creadores y *dj's*: los jueves, *ambient*, los sábados, flamenco de inspiración árabe, los domingos, funky, los viernes, étnica... además, se puede cenar, muy bien y barato, hasta la 1 de la madrugada, ensaladas, sándwiches originales, enrollados y gratinados, y platos de cocina internacional, guacamole, tabulé, fideos chinos o estofados marroquíes. Y hasta mucho más tarde, copas varias y tres cócteles que propone la casa, caipirinha, margarita y capiroska.

Horario: de 18 a 2h. madrugada
Viernes y sábados, hasta 2.30h.
Horario cocina: de 20.30 a 1h. madrugada
Precios: refresco, 250 ptas.
Combinado, 600 ptas.
Cóctel, 750 ptas.
Precio medio cena: 1.500 ptas.

Confidencial

Suele estar hasta los topes los fines de semana, estudiantes y gente muy joven vagamente relacionada con la creatividad y la farándula, pero los lunes, martes o miércoles, son más tranquilos. Elija usted mismo si quiere participar de la fiebre esquizofrénica que se apodera de la zona o prefiere evitársela.

Pelai, 39 (junto a la Pl. de Catalunya)
08001 Barcelona
Tel. 93 317 91 53
Párking en Pl. Catalunya y El Triangle

Zurich

Leyenda viva

Horario: de 8h. a 1h.
Precios: café, 210 ptas.
Café con leche, 230 ptas.
Cerveza, 280 ptas.
Desayuno simple, 430 ptas.

Poco se podía imaginar el señor Valldeperas al quedarse la cantina de la obsoleta estación de los Ferrocarriles de Sarriá que, lo que estaba sentenciado por un año, acabaría por permanecer 70. Nada más y nada menos que cuatro generaciones de la misma familia al frente del café más céntrico de la ciudad, sin hacer ni la más mínima reforma y siempre con la amenaza del derribo encima. Al final se cumplió, pero, por derechos adquiridos, los Valldeperas continúan en el Zurich, ahora reconstruido y prisionero en el centro comercial del Triangle. No es el mismo que antes, por supuesto, no tiene ya ese aire cutre y decadente, pero sobrevive el espíritu.

Planta, altillo, escalera de madera y la terraza más famosa de Barcelona, un punto estratégico y privilegiado para ejercer el *voyeurisme* urbano con músicos callejeros, echadoras de cartas, mimos y otros pasatiempos adicionales como eventual espectáculo. Caro y sin un servicio ni una oferta especial, el Zurich está lleno todo el día, sobre todo a partir de las 18h., y los jueves y viernes es casi imposible encontrar mesa. Un público variado y cosmopolita que se cita en la mejor esquina de la ciudad.

Confidencial

Local mítico, uno de los últimos testimonios del paso de la historia. Tres cuartos de siglo y un sinfín de personajes han dejado aquí su huella. En su altillo se han realizado tertulias memorables, reuniones políticas clandestinas y transacciones económicas de alto nivel.

Notas

Bar

Dirección

Población Fecha

Comentario

Calificación

Bar

 Dirección

Población Fecha

Comentario

Calificación

Bar

Dirección

Población

Fecha

Comentario

Calificación

Bar

Dirección

Población Fecha

Comentario

Calificación

Bar

Dirección

Población

Fecha

Comentario

Calificación

Bar

Dirección

Población Fecha

Comentario

Calificación

Bar

Dirección

Población Fecha

Comentario

Calificación

Bar

Dirección

Población Fecha

Comentario

Calificación

Bar

Dirección

Población Fecha

Comentario

Calificación

Bar

Dirección

Población Fecha

Comentario

Calificación

Bar

Dirección

Población Fecha

Comentario

Calificación

Bar

Dirección

Población

Fecha

Comentario

Calificación

Bar

Dirección

Población

Fecha

Comentario

Calificación

Bar

Dirección

Población Fecha

Comentario

Calificación

Bar

Dirección

Población Fecha

Comentario

Calificación

Esta edición
se terminó de imprimir
en los Talleres Balmes
en el mes de julio de 2000

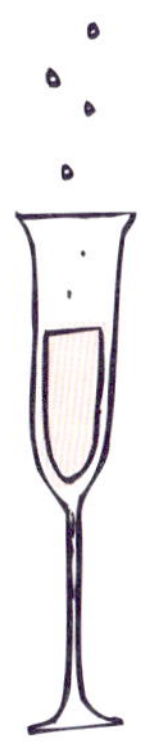